AUER + WEBER + ASSOZIIERTE

FALK JAEGER

JOVIS

⌐PORTFOLIO⌐

AUER + WEBER + ASSOZIIERTE

FALK JAEGER

JOVIS

Alle vorgestellten Projekte sind mit Koordinaten versehen, die es erlauben, die Standorte der Gebäude z.B. über GoogleEarth exakt zu lokalisieren. For all projects presented coordinates are provided allowing the exact localisation of the buildings via GoogleEarth or other applications. © 2010 by jovis Verlag GmbH | Das Copyright für die Texte liegt beim Autor. Das Copyright für die Abbildungen liegt bei den Fotografen/Inhabern der Bildrechte. Texts by kind permission of the author. Pictures by kind permission of the photographers/holders of the picture rights. Die Gesamtreihe Portfolio wird herausgegeben von Falk Jaeger The series Portfolio is edited by Falk Jaeger | Umschlagfoto Cover: vorn front ECE Stadtgalerie Passau, Roland Halbe, Stuttgart, hinten back Alter Hof München, Stefan Müller-Naumann, München Munich | Alle Renderings, Zeichnungen und Pläne sind von Auer+Weber+Assoziierte All renderings, sketches and drawings by Auer+Weber+Assoziierte | Fotos Photographs Roland Halbe, Stuttgart außer except for 12 Stadtwerke Reutlingen, 13 Landratsamt Starnberg: Christian Kandzia, Stuttgart; 12 Theater Hof: Gottschall Foto Design, München Munich; 12 Zeppelin Carré Stuttgart: Valentin Wormbs, Stuttgart; 38, 40–43, 109–111: Jan Siefke, Shanghai; 64–69: Stephan Müller-Naumann; 133–135, 138–143: Marc Schäfer, Oppenweiler | Alle Rechte vorbehalten. All rights reserved. | Übersetzung Translation: Rachel Hill, Berlin | English proofreading Anna Roos, Bern; Inez Templeton, Berlin | Gestaltung und Satz Design and setting: Susanne Rösler, Berlin und and Anja Nöhles, Leipzig | Lithografie Lithography: Bild1Druck, Berlin | Druck und Bindung Printing and binding: GCC Grafisches Centrum Cuno, Calbe | Bibliografische Information der Deutschen Nationalbibliothek Bibliographic information published by Die Deutsche Nationalbibliothek Die Deutsche Nationalbibliothek verzeichnet diese Publikation in der Deutschen Nationalbibliografie; detaillierte bibliografische Daten sind im Internet über http://dnb. d-nb.de abrufbar. Die Deutsche Nationalbibliothek lists this publication in the Deutsche Nationalbibliografie; detailed bibliographic data are available in the Internet at http://dnb.d-nb.de jovis Verlag GmbH | Kurfürstenstraße 15/16 | 10785 Berlin | www.jovis.de | ISBN 978-3-86859-037-1

INHALT
CONTENTS

VORWORT
FOREWORD

Wir müssen wachsam sein. Heilsversprechungen sind im Umlauf. Das Haus der Zukunft, die Stadt der Zukunft. Schöne neue Welten, elegant, dynamisch, schwebend mal wieder, wie in den Jugendbüchern *Neues Universum* der fünfziger Jahre. Trendige Bilderwelten werden angeboten, als gelte es, die ganze Welt zum EXPO-Gelände zu machen. Architektur als Hype, als Event im schnelllebigen Unterhaltungsbetrieb. Hans Poelzig hat diese Art von Architektur 1931 mit einem Hit verglichen, zu dem man damals „Gassenhauer" sagte: „Diese moderne Melodie prägt sich schnell ein, sie beleidigt die einen, begeistert die anderen, ihre Wirkung ist kurz, und die Begeisterten werden nur zu bald zu ihren Verächtern". Doch Häuser sind keine kurzfristigen Medienereignisse, die im Orkus virtueller Welten verschwinden oder in den Indexdateien der Internet-Suchmaschinen sedimentieren. Architektur steht vor Augen, unentrinnbar, jahrzehntelang. Sie muss altern können, funktionell, materiell, aber auch ideell. Darauf ist zu achten.

Wir müssen mutig sein. Widerspruch ist geboten, wenn die architektonischen Scharlatane den Medien statt Baukunst Retrokitsch oder Spacedesign als *dernier cri* verkaufen. Wenn Lokalpolitiker ihre Leidenschaft für Architektur entdecken, weil sie auf ihrer Urlaubsreise zufällig in Bilbao vorbeikamen. Wenn Preisgerichte sich von smarten Bildern statt von Funktionen und Raumqualitäten beeindrucken lassen.

Wir müssen standhaft sein, wenn Investoren mit dem Lifestylemagazin zum Architekten gehen und aktuelle Baukunst bestellen wie ihre Madame die neueste Haarmode beim Coiffeur. Aber auch, wenn sie vermietbare Fläche statt atmosphärischen Raum ordern. Wenn öffentliche Auftraggeber Bauen mit Juristerei verwechseln und im architektonischen Mehrwert das finale Einsparpotenzial entdecken. Immer dann, wenn die ewige Dreieinigkeit der Architektur-

We need to be vigilant. Promises of salvation are circulating; the future house, the future city. Beautiful new worlds—elegant, dynamic, floating again, just like in the *Neues Universum* books of the nineteen-fifties. Trendy worlds of imagery are being propagated as if turning the whole world into an EXPO site were desirable; architecture as hype, as an event in the fast-moving entertainment business. In 1931, Hans Poelzig compared this sort of architecture to a pop hit, the German word for which was "Gassenhauer," "This modern melody is very catchy, it insults some people while others love it, its effect is short-lived and those who loved it soon begin to hate it." Yet, buildings are no short-term media events that vanish in the orcus of virtual worlds or become deposited in the index files of internet search engines. Architecture remains in sight, inescapably, for decades. It must be able to age—functionally, materially and ideologically. We have to be mindful of this.

We need to be brave. Opposition is imperative, when architectural charlatans sell media instead of architecture; retro-trash or space-design as the *dernier cri*. When local politicians discover their passion for architecture just because they happen to pass by Bilbao while on holiday, when juries allow themselves to be blinded by smart images rather than by function and spatial quality.

We need to stand firm, when investors approach the architect with lifestyle magazines to order contemporary architecture, like a lady after a fashionable hairstyle, when they demand lettable area instead of atmospheric space, when public clients mistake construction for jurisprudence and discover the ultimate potential savings in added architectural value. Whenever the eternal trinity of Vitruvius' architectural teachings is denied, it is vital that the balance between *utilitas, firmitas* and *venustas* be brought back into equilibrium.

lehre Vitruvs verleugnet wird, gilt es, die Balance zwischen *utilitas*, *firmitas* und *venustas* wieder ins Gleichgewicht zu bringen.

Die Architekten Auer+Weber+Assoziierte in Stuttgart und München sind wachsam, sind mutig, sind standhaft. In regelmäßigen internen Grundsatzdiskussionen bringen sie für sich und ihre Arbeit das vitruvsche Dreieck ins Lot, bemühen sie sich um das Gleichmaß von Funktion, Konstruktion und Form und sind auf diese Weise gefeit gegen allzu Modisches und gegen die Kapriolen des Zeitgeistes. „Form als Ziel mündet immer in Formalismus", sagt Ludwig Mies van der Rohe und legt nahe, die Form aus der inneren Funktion des Gebäudes heraus zu entwickeln: „Aber nur ein lebendiges Innen hat ein lebendiges Außen." Und Erich Mendelsohn gibt den Fingerzeig im Hinblick auf die konstruktiven Bedingungen des Bauens: „Kunst und Wahrhaftigkeit ist ein Gebot und oberstes Gesetz", schreibt er 1914 und fordert „strenge Selbstzucht" angesichts der überreichen Auswahl neuer Baustoffe und wünscht sich den „intuitiv sicheren Formwillen, der die latenten Formmöglichkeiten der Baustoffe ans Licht bringt" und nicht ihrer Logik widersprechende Formen erzwingt. Den Formwillen in den Dienst von lebendigem Gebrauch und konstruktiver Materialität des Bauwerks zu nehmen, ist wohl die von allen Büropartnern gestützte Maxime.

Es gibt sie noch, die Architekten (Baumeister möchte man in diesem Zusammenhang fast sagen), die ihren Vitruv gelesen haben und die Architektur ganzheitlich denken, denen nicht gleichgültig ist, wie ihre Bauten in ihrer Umgebung auftreten, die wissen wollen, wie die Menschen in ihrem Haus leben und arbeiten, die wissen, wie Sonne und Regen am Bau zu meistern sind und die nicht vorgeben, die Schwerkraft ignorieren zu können. Auer+Weber+Assoziierte gehören zu diesen Architekten.

The architects Auer+Weber+Associates in Stuttgart and Munich are vigilant, brave, stand firm. In regular internal debates on principles, they set the Vitruvian trinity right for themselves and their work, they do their best to strike the right balance of function, construction and form, making themselves immune to anything too modern and to the capriciousness of the zeitgeist. Ludwig Mies van der Rohe said that, "form as an objective always ends in formalism" and proposed developing form from the inner function of the building: "however, only a lively inside has a lively outside." And Erich Mendelsohn points the way in regard to the structural parameters of construction. In 1914, he writes, "art and veracity is a commandment and the highest order" and he demands "strict self-discipline" in regard to overabundant selection of new materials. He wishes for, "intuitive steady development of form, which reveals the latent potentials of a building material," rather than forcing a form against the logic of the material. All of the practice partners appear to support the maxim of using the development of form in the service of the vibrant use and the constructive materiality of a building.

They do still exist—architects (one could almost say masters of construction in this context) who have read their Vitruvius, who think architecture holistically, who are not indifferent to the effects of their buildings on their surroundings, who want to know how people live and work in their buildings, who know how to manage sun and rain in construction and who do not pretend to know how to ignore gravity. Auer+Weber+Associates belong to these architects.

ZWISCHEN FANTASIE UND PRÄGUNG
BETWEEN FANTASY AND PERSUASION

Es gibt unter den Architekten den Künstler und die Diva, es gibt den Bürodespoten und das Genie. Sie alle stehen mit ihrem Namen für eine bestimmte Architektur und erstreben und pflegen einen Individualstil, damit ihr Name zum Markenzeichen werde. Nichts dergleichen bei Auer+Weber+Assoziierte. Natürlich trägt das Büro seit drei Jahrzehnten ebenfalls der Darmstädter Schule, die man auch „demokratische Architektur" genannt hat, weil es ihr im Besonderen um den Menschen geht, das Individuum, dem die Architektur zu Entfaltungsmöglichkeiten verhelfen soll. Der Apologet dieser offenen, undogmatischen Architektur war Günter Behnisch. Mit ihm arbeiteten sie ab 1960 zusammen und gründe-

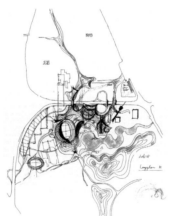

OLYMPIAPARK, MÜNCHEN (ARCHITEKTEN: BEHNISCH UND PARTNER) OLYMPIC PARK, MUNICH (ARCHITECTS: BEHNISCH UND PARTNER) REGIERUNGSVIERTEL, BONN (ARCHITEKTEN: BEHNISCH UND PARTNER) GOVERNMENT QUARTER, BONN (ARCHITECTS: BEHNISCH UND PARTNER)

den Namen der Bürogründer, und so gesehen gibt es eben doch ein Markenzeichen als Synonym für eine bestimmte Baukunst. Doch die Architektur, für die die Marke steht, lässt sich nicht mit einem Label bekleben. Die Bauten unterliegen nicht einer einheitlichen Architektursprache und ihre gemeinsamen Merkmale sind nicht mit den kunsthistorischen Methoden der Stilkritik zu beschreiben. Erstaunlicherweise, könnte man sagen, denn fragt man nach der Herkunft von Fritz Auer und Carlo Weber, so wird deutlich, dass sie Protagonisten einer Architekturströmung waren, die durchaus eine eigene Sprache entwickelt hatte; die südwestdeutsche Architektur

ten 1966 das Büro Behnisch & Partner, dem auch noch Winfried Büxel, Erhard Tränkner und ab 1970 Manfred Sabatke angehörten.

Gemeinsam haben sie vor allem öffentliche Bauten, Schulen, Sportanlagen und Wohnheime gebaut, fast ausschließlich Projekte aus Wettbewerben, auf deren Gewinn sie abonniert schienen.

Die Keimzelle des Büros von Auer+Weber war das Münchner Büro von Behnisch & Partner, das dort für den Bau des Olympiaparks für die Olympischen Spiele 1972 eingerichtet wurde. Die Zeltdachlandschaft mit ihrer Leichtigkeit, Transparenz und Ungezwungenheit erschien wie eine Quintessenz der

In the world of architects, there ar the artists and the divas, the office despots and the geniuses. Each of their names stands for a certain type of architecture and fosters an individual style with which that name has become a trademark. Not so in the case of Auer+Weber+Associates. Obviously, the office bears the name of its founders and has done so

its main focus is on people, the individual that architecture should help to unfold. Günter Behnisch was the main advocate of that open, undogmatic architecture. They worked with him from 1960 and founded the Behnisch & Partner practice in 1966 to which Winfried Büxel, Erhard Tränkner and Manfred Sabatke (from 1970) also belonged.

OFFIZIERSKASINO, DRESDEN MESS OF THE MILITARY ACADEMY, DRESDEN

for the last three decades, so in that sense it does have a trademark that is synonymous for a certain architecture. However, no label can be stuck on the architecture for which this brand stands. The buildings do not speak a uniform architectural language and their common features cannot be described using the typical art historical methods of style criticism. Amazingly, one could say. It is obvious from their pasts that Fritz Auer and Carlo Weber are protagonists of an architectural current that most certainly developed its own language—the southwest German architecture of the Darmstadt School. It is also known as "democratic architecture" because

Together they mainly built public buildings—schools, residential complexes and residential homes. Almost all of their projects came from competition victories to which they seemed to have a subscription.

The core of the Auer+Weber practice came from the Munich office of Behnisch & Partner, established there to build the Olympic Park for the 1972 Olympic Games. Its tent roof landscape, characterised by lightness, ease and transparency seemed to represent the quintessence of the Behnisch & Partner philosophy. It embodied and was a prerequisite to the "optimistic games" with which Germany managed to establish a new image of itself on the world stage.

Philosophie des Büros Behnisch & Partner und war eine Verkörperung und Grundvoraussetzung der „heiteren Spiele", mit denen es gelang, ein neues Deutschlandbild in der Welt zu etablieren.

Und noch ein programmatisches Projekt ist in jener Zeit geplant worden, wenn sich auch die Realisierung bis in die Zeit nach dem Ausstieg von Auer und Weber aus dem Büro Behnisch & Partner hinzog. Durch die ab 1972 mit Fritz Auer und Carlo Weber als Projektpartner geplanten Bundesbauten in Bonn gewann die Architektur von Behnisch & Partner eine explizit politische Dimension. Das Schlagwort von der „demokratischen Architektur" wurde geprägt mit der Transparenz als vordergründige Metapher für die Durchsichtigkeit politischer Zusammenhänge und die Kontrolle der Parlamentarier durch das Volk, das durch die Transparenz Einblick in die Machtausübung hat. Im Gegenzug wurden in steinernen, geschlossenen, axialsymmetrischen oder soldatisch aufgereihten Strukturen totalitäre Tendenzen gesehen, die in der Architektur zu meiden sind. Diese Grundhaltung, von Günter Behnisch allzeit ungemein offensiv propagiert, prägte auch Fritz Auer und Carlo Weber. Nach seinem Vorbild stellten sie stets die formale Freiheit über die Struktur. Auch nach ihrem Ausstieg aus dem Büro und bis heute ist diese Grundhaltung in der Arbeit von Auer+Weber+Assoziierte spürbar. Das Kasino der Heeresoffiziersschule in Dresden (1998) zum Beispiel, in einem hundert Jahre alten Kasernenareal gelegen, könnte unsoldatischer nicht antreten. Es ging den Architekten nicht darum, militärisch geordnetes „Essen Fassen" räumlich zu organisieren, sondern den Soldaten einen angenehmen Aufenthalt wie im Gartenrestaurant zu bieten. Es kommt nicht von ungefähr, dass der Bau an Mies van der Rohe erinnert, ist doch das Thema der Entgrenzung des Raums und der räumlichen Verknüpfung und Verschränkung von architektonisch gefassten Nutzungen mit Umgebung und Natur ein Hauptanliegen des Heroen der klassischen Moderne gewesen, das er mit seinem Farnsworth House zum idealistischen Tempel stilisierte. Das Kasino in Dresden schwebt wie das Farnsworth House über der Landschaft, sie öffnet sich ringsum nahtlos wie das Farnsworth House und zelebriert das Naturerlebnis wie dieses. Auch in jüngster Zeit finden sich im Werk von Auer+Weber+Assoziierte Beispiele, etwa das Seminargebäude Gut Siggen (Seite 84), das seine Abkunft von Mies gar nicht verleugnen will.

Der Archetypus des schwebenden Pavillons ist ein Extremfall, der Endpunkt einer Zielrichtung, wie man sie nur beim Vorliegen einfacher Entwurfsparameter so konsequent verfolgen kann. Doch auch in komplexerem Kontext können Bauten archetypische Formen annehmen, die „Laube" der Mensa in Martinsried etwa (Seite 126) oder das aufs Wesentliche reduzierte städtische Satteldachhaus wie im Alten Hof in München (Seite 64).

Die im Werk von Auer+Weber+Assoziierte zu beobachtende Generierung archetypischer Formen ist sicher auch dem Generationenwechsel im Büro zuzuschreiben. Die Entwurfsparameter als Anlass von Form haben sich nicht verändert, auch deren Bewertung und Gewichtung nicht. Doch die architektonische Form entsteht nicht in einem iterativen Prozess unter numerischen Einflussgrößen und physikalischen Naturgesetzen wie die Form eines fallenden Wassertropfens, auch wenn die Architekturlehre des Funktionalismus dies suggeriert, sie wird nach wie vor durch individuelle Fantasie, Prägung und Arbeitsweise des Entwerfers entwickelt und somit immer eine individuelle Lösung sein. Die Frage ist, wie viel individuelle künstlerische Aussage man zulässt, welche Dominanz man der archetypischen Form zugesteht. Fritz Auer war in der Ursprungsformation des Büros in diesem Prozess sicher der stringentere, konsequentere Entwerfer, Carlo Weber in Nuancen der sinnlichere, fast ein wenig poetisch angehauchte. Heute hat sich das Portfolio naturgemäß weiter differenziert. Mehr entwerfende Individuen in einem Büro bringen von vornherein mehr formale Vielfalt mit sich. Auch wenn man sich in langen Bürositzungen auf gemeinsame Positionen einschwört. Dennoch, die Positionen liegen nicht weit auseinander und in der Außensicht treten die Gemeinsamkei-

Another programmatic project was planned at that time, although it was not realised until after Auer and Weber had left the Behnisch & Partner practice. The architecture of Behnisch & Partner took on an explicitly political dimension through the federal buildings in Bonn, planned from 1972 with Fritz Auer and Carlo Weber as project partners. The catch phrase "democratic architecture" was defined. Transparency was the main metaphor for transparent political relations and control of parliamentarians by the people, who could watch power being exercised as a result of spatial transparency. In contrast stony, closed, axial symmetrical, soldierly-lined structures were associated with totalitarian tendencies; those were to be avoided in architecture at all costs. This stance, which was always intensely, actively propagated by Günter Behnisch, influenced Fritz Auer und Carlo Weber. They followed his example by always giving formal freedom priority over structuralisation. This basic approach continued after they had left the practice; it can still be felt to this day in the work of Auer+Weber+Associates. For example, the mess of the military academy in Dresden (1998), located in a one-hundred-year-old barracks, could not be more unsoldierly. The architects were much more concerned with providing the soldiers with a pleasant break in garden restaurant style than with the spatial organisation of a militarily-regulated mess. It is no accident that the building stirs Mies van der Rohe associations. After all, one of the main concerns of the hero of classical modernism was the dissolution of boundaries. He addressed spatial connections and the interweaving of architecturally defined functions with their surroundings and nature; his Farnsworth House represents an idealised temple of such. The mess in Dresden floats above the landscape like the Farnsworth House, it opens up seamlessly on all sides like the Farnsworth House and it celebrates the wonder of nature like the former. Even more recent works within the repertoire of Auer+Weber+Associates, such as the Gut Siggen seminar building (page 84), make no attempt to hide their Mies lineage.

The archetype of the floating pavilion is an extreme case. It represents the finishing line of a direction that one can only follow so consequentially when the original design parameters are so clear. However, buildings can also adopt archetypical forms in more complex contexts, for example the "summerhouse" of the refectory in Martinsried (page 126) or the urban gabled roof, reduced to its essence, of the Alte Hof in Munich (page 64).

The generation of archetypical forms in the repertoire of Auer+Weber+Associates can most certainly be attributed to changing generations within the practice. The design parameters behind such forms have not changed nor have their appraisal and evaluation. However, architectural form is not developed in an iterative process using numerical variables and the physical laws of nature such as those, for example, that define the shape of a drop of water; although the architectural teachings of functionalism suggest that it is. It continues to be foremost a product of the individual fantasy, influence and working methods of the designer and it is therefore always an individual response. The question is how much individual, artistic expression one permits and what degree of dominance one grants to the archetypical form. During the original formation of the practice, Fritz Auer was the more stringent, systematic designer within that process while Carlo Weber was the more colour sensitive and almost added a poetic touch. The portfolio of the practice has now naturally become more differentiated. More designing individuals in a practice add more formal variety from the outset; although long meetings are spent negotiating common positions.

Yet those positions are not that far apart and from the outside, it is the commonalities that count. Their concept of the sustainability and intrinsic value of architecture also encompasses the "soft factors" image and appreciation. Auer+Weber+Associates know that spectacular buildings age faster; once the hype has passed, they soon become tiresome. Auer+Weber+Associates' buildings do not need to be demolished after five or ten years just because

ten auf den Plan. Zu ihrem Konzept der Nachhaltigkeit und der Werthaltigkeit von Architektur gehören auch die „weichen Faktoren" Image und Wertschätzung. Auer+Weber+Assoziierte wissen, spektakuläre Häuser altern schneller; ist der Hype vorüber, hat man sich an ihnen rasch satt gesehen. Bei Gebäuden von Auer+Weber+Assoziierte wird man nicht nach fünf oder zehn Jahren das Bedürfnis haben, sie abreißen zu wollen, nur weil sie im umgangssprachlichen Sinn „alt aussehen". So würde man heute wohl bei den 1991 erbauten Stadtwerken Reutlingen das keck auskragende postmoderne Dach über dem Sitzungssaal als dem damaligen Zeitgeist geschuldet empfinden, doch der übrige Bau kann sich nach wie

te restauriert, wie etwa der Altbau des Ensembles der LfA Förderbank in München (Seite 116). Das großbürgerliche Wohnhaus im Neorokokostil wurde mit viel Liebe zum Detail so weit als möglich in seinen ursprünglichen Zustand entkernt und rückgebaut. Sogar um passendes Fensterglas („Goethe-Glas") für das Treppenhaus haben sich die Architekten bemüht. Ansonsten geht es ihnen jedoch nicht um Rekonstruktion, nicht um historisierende Anpassungsarchitektur und nicht um die Inszenierung nostalgisch-pittoresker Panoramen, es geht um neue Interpretationen historischer Strukturen, Formen und Archetypen, es geht um Weiterbauen vorgefundener Baugeschichte in zeitgemäßer Art und

STADTWERKE, REUTLINGEN REUTLINGEN PUBLIC SERVICES BUILDING STADTTHEATER, HOF THEATRE, HOF ZEPPELIN CARRÉ, STUTTGART ZEPPELIN CARRÉ, STUTTGART

vor sehen lassen. Gleiches gilt zum Beispiel für die Schule in München-Johanneskirchen (1992), das Theater in Hof (1994) sowie für die Landratsämter in Starnberg (1987) und Villingen-Schwenningen (1991). Für die Quartierrevitalisierungen Zeppelin Carré und Kronen Carré in Stuttgart (Seite 102) gilt es allemal. Dort ging es ja um den Umgang mit Bauten der fünfziger und sechziger Jahre, um Ergänzung und Weiterbau in einem angemessenen Stil.
Die Stuttgarter Carrés werfen die Frage auf, wie es Auer+Weber+Assoziierte mit historischer Bausubstanz halten. Die Antwort wird nicht überraschen. Wo Historisches erhalten ist, wird es aufs Feins-

Weise. Das Einkaufszentrum in Passau (Seite 60) und der Alte Hof in München (Seite 64) illustrieren diese Haltung, der Umgang mit dem Alten Rathaus in Pforzheim ist ein weiteres anschauliches Beispiel. Dort war ein Bau aus dem Jahr 1911, der im Krieg schwer gelitten hatte und 1952 mit einem Flachdach versehen und wieder hergerichtet worden war, zu sanieren und zu erweitern. Die einst mächtige Dachhaube simulieren Auer+Weber+Assoziierte durch einen zweigeschossigen Aufbau, der aus der Flucht zurück tritt. Dem Erweiterungstrakt ist eine kraftvolle Rahmenstruktur aus Beton vorgesetzt, die an die alte Sandsteinfassade anschließt und das Motiv der

they "look old," in the colloquial sense of the words. For example, the brash cantilevering post-modern roof of the auditorium of Reutlingen public services building, erected in 1991, would now be considered a remnant of the zeitgeist of that time, yet the rest of the building is still impressive. The same can be said of the school in Munich-Johanneskirchen (1992), the theatre in Hof (1994) as well as for the administrative district offices in Starnberg (1987) and Villingen-Schwenningen (1991). It certainly applies to the Zeppelin Carré and Kronen Carré district revitalisations in Stuttgart (page 102). The task there was to manipulate nineteen-fifties and -seventies' buildings, to complete and extend them in an appropriate style.

ture nor in orchestrating nostalgically picturesque panoramas. Their focus is on new interpretations of historical structures, forms, and archetypes, on furthering building history in a contemporary manner. The shopping centre in Passau (page 60) and the Alte Hof in Munich (page 64) demonstrate this approach, while the architects' treatment of the Old Town Hall in Pforzheim is a further clear example. The task there was to redevelop and extend a building that dated back to 1911 and was badly damaged in the war. It was refurbished and a flat roof was added in 1952. Auer+Weber+Associates simulated the formerly powerful roof hood with a recessed two-storey structure. A mighty concrete

LANDRATSAMT, STARNBERG ADMINISTRATIVE DISTRICT OFFICES, STARNBERG RATHAUSERWEITERUNG, PFORZHEIM TOWN HALL EXTENSION, PFORZHEIM
LANDESFÖRDERBANK BAYERN, MÜNCHEN LANDESFÖRDERBANK BAYERN, MUNICH

The Stuttgart Carrés raise the issue of how Auer+Weber+Associates position themselves in regard to historical building stock. The response is no surprise. If there is anything historical left over it is restored to the finest degree; like the old building of the LfA Förderbank ensemble in Munich (page 116). The bourgeois residential house in neo-rococo style was stripped back to its original condition and reinstated with a passion for detail. The architects even went so far as to source the proper glass ("Goethe glass") for the staircase windows. And apart from that, they are not interested in reconstruction, in historicising assimilation-architec-

framed structure has been placed in front of the extension wing, which connects to the old sandstone façade, referencing the existing ground floor arcades. The interior courtyard, now a civic centre and cultural event venue, has been reformulated in white, abstract, archaic vigour; a light playful glass roof softens its severity. The city, including the historical parts, should live on, grow, evolve; not stand still or even develop backwards to become a museum artefact.

Observation of the contemporary architecture scene reveals that the celebrated highlights draw much of their effect from colour composition. Often intense,

Erdgeschossarkaden weiterspielt. Der Lichthof, jetzt Bürgerzentrum und kultureller Veranstaltungsort, wurde in weiß abstrahierter, archaischer Kraft neu formuliert, wobei das leichte, verspielte Glasdach dem Raum die Strenge nimmt. Die Stadt, auch die historische, soll weiterleben, wachsen, sich erneuern, nicht in Stillstand erstarren oder sich gar zum musealen Artefakt zurückentwickeln.

Betrachtet man gegenwärtig die internationale Architekturszene, so fällt auf, dass die gefeierten Highlights einen großen Teil ihrer Wirkung aus der Farbgebung beziehen. Oft intensiv monochrom wie aus dem Farbtopf gezogen, hin und wieder auch durch papageienhafte Farborgien dekoriert, machen die Gebäude auf sich aufmerksam. Am Häufigsten jedoch brillieren die Artefakte in strahlendem Weiß. Die Wirkung auf den Entwurfsrenderings ist suggestiv, und auch die gebauten Projekte präsentieren sich im Wortsinn blendend. Zumindest anfangs, bevor sie Patina ansetzen. Es ist ein altbekanntes Dilemma der klassischen „weißen" Moderne, dass sie nicht in der Lage ist, in Würde zu altern, doch das gilt genauso für weiße Bauten des Dynamismus und des neuen Kubismus von Calatrava bis Delugan Meissl.

Auer+Weber+Assoziierte nähern sich dem Thema Farbe in der Architektur mit großer Zurückhaltung. Die erste Farbwahl ist zunächst die Naturfarbe des Materials, wobei den Metallen in aller Regel graue, hin und wieder gedeckt blaue Farbtöne zugeordnet werden. Dadurch bewahren Gebäude Ruhe und Dignität. Ganze Farbpaletten, wie sie aktuell etwa Sauerbruch Hutton einsetzen, benutzen Auer+Weber+Assoziierte als genuin architektonische Gestaltungsmittel nicht. Architektur sollte ohne fremde, attributive Elemente auskommen. Anders gesagt: Ein Haus darf nicht völlig seinen Charakter verändern, wenn man eine Wand in einer anderen Farbe streicht.

So tauchen kräftige Farben am Außenbau nicht in Kombinationen, sondern nur vereinzelt auf, zum Beispiel an Brüstungen oder an Stirnwänden. In den Innenräumen werden manchmal Eingänge durch Far-

be pointiert, einzelne Wände erscheinen in Maisgelb oder Sitzreihen in leuchtendem Blau. Die Farbgebung soll in erster Linie Räume und Raumgefüge in ihrer Erscheinung oder Wirkung unterstützen oder sie soll Hinweise geben, eine Leitfunktion erfüllen. Farbe wird als primäres architektonisches Element verstanden, keineswegs als Dekoration. Deshalb treten Farben einzeln auf. Niemals geht es darum, Ambiente in der Manier eines Innenarchitekten zu gestalten, der oft nachträglich gerufen wird, um in einem vorgegebenen Raum durch bestimmte Material- und Farbkombinationen Gefühle und Stimmungen zu evozieren. Vielmehr entstehen die Raumeindrücke durch ganzheitliche Arbeit während aller Entwurfs- und Gestaltungsphasen.

Lässt man die lange Reihe der in den letzten Jahren im Büro bearbeiteten Entwürfe Revue passieren, zeigt sich, dass es keine vorgestanzten städtebaulichen Schablonen gibt, die immer wieder zum Einsatz kommen. Unterschiedliche Urheberschaften und vielstimmige Bürodiskussionen führen zu einer großen Bandbreite der gefundenen, verfeinerten und letztlich realisierten Lösungsmöglichkeiten, wenngleich innerhalb eines gewissen Rahmens. Denn was es aus dem Haus Auer+Weber+Assoziierte zum Beispiel nicht gibt, ist das städtebauliche Prinzip der Konfrontation, der fraktalen Komposition, etwa eines Daniel Libeskind. Oder die pseudoorganische, dynamistische Konfiguration fließender, letztlich unarchitektonischer städtebaulicher Formen, wie sie in jüngerer Zeit beispielsweise von Zaha Hadid entworfen werden. Selbst ein auf den ersten Blick an seinem Ort überraschendes Bauwerk wie die Universitätsbibliothek in Magdeburg (Seite 26) ist durch vielfältige Raum- und Richtungsbezüge mit seiner Umgebung verwoben.

In gestalterischer Hinsicht gibt es häufiger Gemeinsamkeiten, wenngleich auch hier die reziproke Aussage präziser zu formulieren ist. Es ist leicht zu sagen, was man bei Auer+Weber+Assoziierte nicht ordern kann. Repräsentationsarchitektur zum Beispiel, Gebäude, die sich in die Brust werfen. Häuser, die den Zugang vom Tor bis zum Chefbüro inszenie-

monochrome, as if tipped straight from a paint pot, and sometimes decorated in parrot-like colour orgies, such buildings draw attention to themselves. However, artefacts in brilliant white stand out most often. Their impact in design renderings is suggestive and in reality the built projects are literally blinding. At least at the start, before the patina sets in. It is a well-known dilemma of classical "white" modernism that it is not able to age gracefully, however the very same can be said of the white buildings of dynamism and neo-cubism from Calatrava to Delugan Meissl.

Auer+Weber+Associates approach the area of colour in architecture with much reserve. Their first choice of colour is the natural colour of a material, although metals are usually given a grey shade and sometimes sober blue. Their buildings thus preserve calmness and dignity. Auer+Weber+Associates do not use whole palettes of colour as a genuine architectural design tool like Sauerbruch Hutton for example. Architecture should get by without foreign attributive elements. In other words: a building should not totally change its character if one wall is painted a different colour.

For this reason strong colours only appear individually on façades; as parapets or end walls rather than in combination. In interior spaces entrances are sometimes highlighted using colour; single walls appear in maize yellow or rows of seats in bright blue. Colour composition should primarily underpin spatial lines or spatial combinations in appearance or effect or they should give instructions or directions. Colour is perceived to be a primary architectural element and in no way as decoration. For that reason colours are applied individually. It is never a matter of creating atmosphere like an interior architect—who is often called upon later to evoke certain feelings and atmospheres using specific material and colour combinations. Instead, spatial impressions are established through holistic work during all creative and design phases.

On review of the long series of designs that the practice has worked upon over the years, it is obvious that it does not re-apply pre-cut urban stencils. Different authors and multivoiced internal debates have led to a broad range of discovered, refined and ultimately realised solutions, albeit within a certain framework. Because if there is one thing that Auer+Weber+Associates does not propagate, it is the urban principle of confrontation, of fractal composition in Daniel Libeskind style for example. Nor pseudo-organic, dynamic configurations of flowing, ultimately non-architectural urban form as have been designed by Zaha Hadid in recent years, for example.

Even a building as unexpected in its location as the university library in Magdeburg (see page 26) has been intertwined with its surroundings by many spatial and directional references.

From a design point of view, there are often similarities, although the reciprocal statement must be formulated more precisely. It is easy to say what cannot be ordered from Auer+Weber+Associates; representational architecture for example, breast-beating buildings. Buildings, that are orchestrated from the entrance to the boss's office to express hierarchies and that clearly tell where the lord rules and where the inferior has his place. Or buildings that make a fuss, that rush to the fore, that fight for attention in the common consciousness and memory. Or brash buildings whose character is defined by colour composition. Such "bogeymen" weld the owners of Auer+Weber+Associates together. One reviews the world of architecture and agrees upon what one would under no circumstances make oneself.

It is normal in the guild of architects and it lies in the almost self-destructive nature of the acquisition practice of competitions that the amount of unbuilt designs in the life of an architect far exceeds the built ones. The unbuilt ones usually disappear quickly into the archives. However one design by Auer+Weber did cause uproar. Their proposal for the German pavilion for the EXPO 1992 in Seville won first prize. However, the ensuing steps taken by the federal government became a real scandal, leading

ren, die Hierarchien verkörpern und deutlich machen, wo der Herr regiert und wo der Untergebene seinen Platz hat. Oder Häuser, die Spektakel machen, die sich vordrängeln, sich ins Bewusstsein und in Erinnerung bringen wollen. Oder vorlaute bunte Häuser, die ihren Charakter weitgehend aus ihrer Farbgestaltung gewinnen. Es sind solche „Feindbilder", die die Inhaber des Büros Auer+Weber+Assoziierte zusammenschweißen. Man schaut sich in der Architekturwelt um und ist sich einig, was man unter keinen Umständen selbst machen würde.

Es ist die Normalität in der Architektenzunft und liegt an der fast selbstzerstörerischen Akquisitionspraxis des Wettbewerbswesens, dass die Zahl der Entwür-

Ingenieurbüro mit dem Bau betraut wurde. Dessen mediokrer Bau konnte denn auch wenig Aufmerksamkeit erringen. Der Entwurf von Auer+Weber hingegen wurde vielfach publiziert, als sei er schon in die Wirklichkeit umgesetzt worden. Grund ist die unverwechselbare Form (für Ausstellungspavillons ein Hauptkriterium), die sich aber nicht, oder nicht offensichtlich, aus einer künstlerischen Idee ergab, sondern als unprätentiöse Antwort auf die komplexen Anforderungen. Ein leichter, gerüstartiger Bau mit einem ordentlich Schatten werfendem Dach, mit ausladenden Dachschirmen, Wind fangenden Segeln und einer kühlenden Wasserfläche, der primär auf das heiße Klima reagiert, ist die Dachkonstrukti-

EXPO SEVILLA 1992, WETTBEWERBSENTWURF DEUTSCHER PAVILLON EXPO SEVILLA 1992, COMPETITION DESIGN FOR GERMAN PAVILION

fe in einem Architektenleben, die nicht realisiert werden, die der gebauten bei Weitem übersteigt. In der Regel verschwindet Nicht-Gebautes rasch in den Archiven. Ein Entwurf von Auer+Weber hat allerdings Furore gemacht. Immerhin war ihr Vorschlag für den Deutschen Pavillon der EXPO 1992 in Sevilla mit dem ersten Preis ausgezeichnet worden. Doch das weitere Vorgehen der Bundesregierung wuchs sich zum handfesten Skandal aus und führte zu heftigen Diskussionen über die öffentliche Planungs- und Baukultur und das Wettbewerbswesen in Deutschland, als die Architekten den Auftrag entzogen bekamen und ohne weitere Legitimation das vorprüfende

on über einem in Zusammenarbeit mit dem Bildhauer Albert Hien entstandenen Bau-Kunstwerk. In der über Stege und Rampen zugänglichen Großskulptur mit dem eingebauten Zeppelin sollte die Ausstellung „Deutschlandschaft" inszeniert werden. Der Bau hätte an die Reihe unvergessener deutscher Pavillons 1929 in Barcelona, 1958 in Brüssel und 1967 in Montreal anknüpfen können.

Ein anderer Projekt gebliebener Entwurf, dem man angesichts der realisierten Alternative die Verwirklichung gewünscht hätte, ist das später als „BMW-Welt" titulierte Erlebnis- und Auslieferungszentrum in München. Als skulpturale Großform sollte der Bau

to fierce debates on public planning and building culture as well as competition procedures in Germany when the commission was withdrawn from the architects and handed to the previewing engineering office without any further legitimisation. Yet, the design by Auer+Weber was publicised as if it had been built. The reason is its unmistakable shape (a main criterion of exhibition pavilions), which was not the result of an artistic idea, or at least not obviously; on the contrary it was an unpretentious response to complex demands. A light, scaffold-like building with a substantial shadow-casting roof with retractable roof screens, wind-catching sails, and a cooling water surface that primarily reacted to the hot

Munich. As a sculptural large form, the building was intended to step into correspondence with the other icons surrounding it; the BMW Tower, the museum, the TV tower and the Olympic Park. In clear separation of content and external form, as a dynamic streamlined shape, its exterior skin envelopes a spherical space like a firmament; various levels, connected to each other through stairs and ramps, flow freely within. Handover of new cars, exhibition areas, restaurants, lounges, and even a sky-bar are accommodated in this pulsating large space. Event culture and the orchestration of brand worlds clearly define the functional duties of this building. The architects reacted to these requirements with an un-

ENTWURF BMW-WELT, MÜNCHEN DESIGN FOR BMW WORLD, MUNICH

climate; the roof structure is a constructive work of art that was created in collaboration with sculptor Albert Hien. The exhibition "Deutschlandscape" was to be shown in the large-scale sculpture with integrated zeppelin that would have been accessible via platforms and ramps. The building would have joined a series of unforgettable German pavilions: 1929 in Barcelona, 1958 in Brussels, and 1967 in Montreal.

Another project that remained in the design phase, whose realisation one would have desired, considering the built alternative, is the later-christened "BMW World" experience and dispatch centre in

mistakable, symbolic shape. It remains logical and legible as a construction without having anything of the common trendy, short-lived gimmicks that are sold as signature architecture these days. The high-tech envelope is a design object for a company that produces design objects, however it is also multifunctional, just like human skin; it regulates climate and brightness, collects energy and acts as a communication and projection surface.

One huge competition success is still waiting to be realised. Munich Central Station, whose modest reception building, which was reconstructed in the nineteen-fifties, does not fulfil the formal nor functional

mit den anderen Ikonen am Ort, dem BMW-Hochhaus und dem Museum, dem Fernsehturm und dem Olympiagelände in Korrespondenz treten. In konsequenter Trennung von Inhalt und äußerer Form umhüllt die Außenhaut als dynamische Stromlinienform wie ein Firmament den sphärischen Raum, in dem sich die verschiedenen, durch Treppen und Rampen miteinander verbundenen Ebenen frei entwickeln. Neuwagenübergabe, Ausstellungsflächen, Restaurants, Lounges bis hinauf zur Skybar sind in einem pulsierenden Großraum untergebracht. Eventkultur und Inszenierung der Markenwelt sind eindeutig Bestandteil der funktionalen Aufgaben des Bauwerks. Die Architekten reagierten mit einer

nochmals umgebautes Empfangsgebäude aus den fünfziger Jahren heute weder funktional noch formal den Ansprüchen der Landeshauptstadt zu entsprechen vermag. Den Wettbewerb 2003 beendeten Auer+Weber+Assoziierte als eines von drei erstplatzierten Teams, wonach sie die Überarbeitungsphase 2004 für sich entscheiden konnten. Die Pläne sehen eine vollständig verglaste Schaufront des Bahnhofs sowie einen kräftig vorspringenden Dachkörper mit Hotel- und Büroräumen vor. Das 300-Millionen-Großprojekt geriet jedoch ins Stocken. Möglicherweise wird die Bewerbung Münchens für die Olympischen Winterspiele 2018 den entscheidenden Impuls für die weitere Verfolgung der Pläne geben.

SCHULE NONNEWISEN, ESCH-SUR-ALZETTE, LUXEMBURG NONNEWISEN SCHOOL, ESCH-SUR-ALZETTE, LUXEMBOURG MULTIFUNKTIONSHALLE „LES TROIS MOULINS", ANTIBES MULTI-FUNCTIONAL HALL "LES TROIS MOULINS", ANTIBES

unverwechselbaren, zeichenhaften Form auf diese Anforderungen, die dennoch als Konstrukt logisch und ablesbar bleibt und nichts von den oft angebotenen modisch-kurzlebigen Gimmicks hat, die man heute als signature architecture verkauft. Die Hightech-Hülle ist ein Designobjekt für eine Firma, die Designobjekte produziert, aber sie ist eben auch multifunktional wie eine menschliche Haut, reguliert Klima und Helligkeit, sammelt Energie und ist Kommunikations- und Projektionsfläche.

Ein großer Wettbewerbserfolg wartet noch auf seine Realisierung. Es geht um den Münchner Hauptbahnhof, dessen bescheiden auftretendes, später

Architekten in Deutschland, die mit ihrem Büro eine gewisse Größe erreicht haben, tun gut daran, sich im Ausland umzusehen, um ihre Wirkungsmöglichkeiten auszuweiten und die Auftragslage zu verstetigen oder auch weiter zu expandieren. Das ESO-Hotel in Chile (Seite 70) war sicherlich ein Sonderfall. Gezielt streckte man die Fühler innerhalb Europas nach Westen aus. In Luxemburg entstand ein Sportzentrum (Seite 92), die Schule Nonnewisen in Esch-sur-Alzette wird 2011 eröffnet und 2012 ist die Fertigstellung des Sportzentrums im französischen Antibes geplant.

Während das Sportzentrum in Luxemburg mit der

needs of a state capital. Auer+Weber+Associates won the 2003 competition as one of three joint first teams. They were able to secure an all-out win after a revision phase in 2004. The plans encompass a totally glazed showcase station front as well as a powerful projecting roof volume to accommodate hotel and office spaces. However, the 300-million-euro project ultimately came to a standstill. Munich's application to hold the 2018 Winter Olympics Games could provide the decisive impulse for the plans to be followed up.

It is worth their while for architects in Germany whose practices have reached a certain dimension to look for commissions abroad, to increase their

mark in its heterogeneous environment; it will give the area a new sense of order and identity. It does so as a solitary volume of individual, incredibly dynamic form, conceived to have an impact from both far and near as well as reflecting its function as a venue for attractive sporting events. The functions arena, trampoline hall, and auditorium have been organised inside an all-encompassing envelope that gives the building its visage. Something that looks like a decisive turn away from functionalism is actually a further development of those principles. Image creation and symbolism are included in the list of functions to be fulfilled; the building certainly does so with its impressive envelope. In a formal sense

HAUPTBAHNHOF, MÜNCHEN CENTRAL STATION, MUNICH

sphere of influence, and to secure and expand potential commissions. The ESO Hotel in Chile (page 70) was certainly a special case. The practice has pointedly cast its net towards western Europe. A sports centre was built in Luxembourg (page 92), the Nonnewisen in Esch-sur-Alzette will open in 2011, and a sports complex in the French Antibes is planned to be completed by 2012.

While the sports complex in Luxemburg plays with the topography and mediates between the surrounding districts, the new multifunctional hall in the "Les Trois Moulins" industrial area in the city of Antibes on the Côte d'Azur is intended as a land-

BMW World was a forerunner to it, however not as far as the structural concept of the building is concerned; the envelope does not detach itself from its content. The architectural experience extends into the interior, underlined by light and colours, preparing the onlooker for the spectacular sporting event that awaits him or her in the arena.

A further sport and leisure centre is being built in the Savoy Alps; the Grandes Combes in the winter sport location Courchevel. The size of the complex and its visibility from all heights led the architects to look for landscape-compatible shapes and to specially design the roof as a "fifth façade." The

Topografie spielt und zwischen den umgebenden Quartieren vermittelt, soll die neue Multifunktionshalle im Industriegebiet „Les Trois Moulins" der Stadt Antibes an der Côte d'Azur in ihrem heterogenen Umfeld Zeichen setzen, dem Ort eine neue Ordnung und Identität verleihen. Das tut sie als Solitär mit eigenständiger, ungemein dynamischer Form, der sowohl für die Fern- als auch für die Nahwirkung konzipiert ist und ihre Nutzung als Ort attraktiver Sportveranstaltungen widerspiegelt. Die Funktionen Arena, Trampolinhalle und Saal sind innerhalb einer allumfassenden Hülle organisiert, die dem Gebäude das Gesicht gibt. Was aussieht wie eine entschiedene Abkehr vom Funktionalismus, ist als

tersportort Courchevel. Die Größe der Anlage und die Einsehbarkeit ringsum von allen Höhen aus hat die Architekten dazu veranlasst, nach landschaftsverträglichen Formen zu suchen und das Dach wie eine „fünfte Fassade" besonders zu gestalten. Als bewegtes Schalendach wächst der Bau aus der Erde heraus, die eleganten Schwünge der zu Tal carvenden Skifahrer in ähnlich beschwingte Architektur umsetzend. Die Badelandschaft schwelgt in freien organischen Formen, nichts als Freizeit und Wohlergehen fern des reglementierten Alltags assoziierend. So wirkt das Formenrepertoire der Grandes Combes weit weniger landschaftszerstörerisch als die häufig anzutreffende Großstadtarchitektur oder

SPORT- UND FREIZEITZENTRUM, COURCHEVEL SPORT AND LEISURE CENTRE, COURCHEVEL OFFICE CENTER RIVERGATE, WIEN OFFICE CENTER RIVERGATE, VIENNA

Weiterdenken dieser Prinzipien gedacht. In die Liste der zu erfüllenden Funktionen werden Imagebildung und Zeichenhaftigkeit aufgenommen, denen der Bau mit seiner bildmächtigen Hülle entspricht. Formal ist er von der BMW-Welt vorbereitet worden, nicht jedoch, was die strukturelle Konzeption des Gebäudes betrifft, bei dem sich ja die Hülle nicht vom Inhalt ablöst. Das Architekturerlebnis setzt sich, unterstützt durch Licht und Farben, im Inneren fort und bereitet den Zuschauer auf das spektakuläre Sportereignis vor, das ihn in der Arena erwartet.

In den Savoyer Alpen entsteht ein weiteres Sport- und Freizeitzentrum, das Grandes Combes im Win-

die Urlauberdomizile in Form von in groteske Dimensionen aufgeblasenen Berghütten.

In der anderen Richtung, gen Osten, ist jenseits der Grenzen sozusagen das architektonische Kontrastprogramm entstanden, ein Bürozentrum von ansehnlichen Ausmaßen. 50.000 Quadratmeter Bürofläche hat das Office Center Rivergate zu bieten, das sich am Donaukanal in Wien mit dreizehn Geschossen in die Höhe reckt. Zwei langgestreckte, oben abgerundete Baukörper sind durch ein öffentlich zugängliches, gläsernes Atrium miteinander verbunden. Der Bau bildet einen kraftvollen horizontalen Akzent gegenüber der Vertikalen des benachbarten Millennium Tower.

building grows out of the earth as a dynamic shell roof, expressing the elegant curves of the skiers as they carve down the valley in similarly curving architecture. The pool landscape revels in free organic shapes, awaking associations of nothing more than leisure and well-being, far-removed from regimented everyday routine. The form repertoire of the Grandes Combes is far less damaging to the landscape than urban architecture or holiday domiciles in the shape of grotesquely blown-up mountain huts as are often to be found in such parts.

Its architectural counterpart has been created in the other direction, towards the east, across the border so to speak—an office complex of considerable

German urban planners Speer & Partner. The brief expressly called for a "German city" to be built as well as a French, an English, a Mediterranean, etc... city in Shanghai's development belt. Surrounded by a kind of moat and penetrated by canals (but also by six-lane streets) the curvy streets of the plan associate it with the urban structures of the old parts of German cities.

Auer+Weber+Associates were commissioned to design one of its districts. Their closed five-storey buildings with balcony frontage hardly differ from multistorey dwellings in Germany, although their steep tiled roofs and gables would normally be associated with more traditional structures. The build-

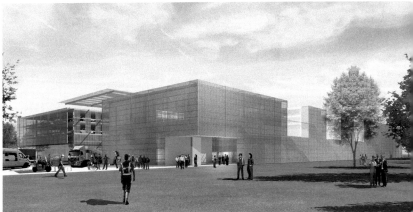

KULTURZENTRUM, SHENYANG CULTURAL CENTRE, SHENYANG TECHNISCHES BETRIEBSZENTRUM, MÜNCHEN TECHNICAL SERVICE CENTRE, MUNICH

dimensions. The Rivergate Office Centre accommodates 50,000 square metres of office space; its thirteen storeys stretch high into the air beside the Danube Canal in Vienna. Two longitudinal building volumes that are rounded at the top, are connected to one another via a publicly accessible glazed atrium. The building provides a powerful horizontal accent opposite the verticality of the neighbouring Millennium Tower.

The activities of Auer+Weber+Associates in far-eastern China began with a contribution to Anting New Town, the international automobile city in western Shanghai. Its master plan was developed by

ings, which define the block edges, follow the lines of the greened streets and canals, forming quieter green interior courtyards. These building shapes are as unusual in China as the composition of the apartments, some of which are maisonettes.

It was just as unusual for the architects of Auer+Weber+Associates to build something "that looks like." The LUXUN University campus project in Dalian (page 108), the architecture of the Botanical gardens in Shanghai (page 38), and the unrealised cultural centre for Shenyang are all projects that were later designed for China in their established architectural language.

Im fernöstlichen China schließlich begannen die Aktivitäten von Auer+Weber+Assoziierte mit einem Beitrag zur Anting New Town, der internationalen Automobilstadt im Westen Shanghais, deren Masterplan die deutschen Stadtplaner Speer & Partner entwickelt hatten. Der Auftrag lautete ausdrücklich, eine „deutsche Stadt" zu bauen, so wie es auch eine französische, eine englische, eine mediterrane etc. Stadt im Wachstumsgürtel Shanghais gibt. Umfangen von einer Art Festungsgraben, durchzogen von Grachten (aber auch von sechsspurigen Straßen) assoziiert der Plan mit seinen geschwungenen Straßen Stadtstrukturen, wie sie in deutschen Altstädten zu finden sind.

Auer+Weber+Assoziierte bekamen den Auftrag, eines der Quartiere zu entwerfen. Die geschlossene, fünfgeschossige Bebauung mit Balkonfronten unterscheidet sich äußerlich kaum vom Geschosswohnungsbau in Deutschland, wenngleich die steilen Ziegeldächer und die Giebel hier nurmehr in traditionalistischem Sinn Verwendung finden. Die Blockränder formulierenden Häuser folgen den begrünten Straßenläufen und Kanälen und schließen ruhigere grüne Innenhöfe ein. Diese Bauformen sind für China so ungewöhnlich wie die Zuschnitte der Wohnungen, zum Teil als Maisonette-Typen.

Ebenso ungewöhnlich war das Bauen von etwas, „das aussieht wie" für die Architekten von Auer+Weber+Assoziierte. Schon eher ihrer angestammten Architektursprache entsprechen die später in China realisierten Projekte, der Hochschulcampus der LUXUN Hochschule in Dalian (Seite 108), die Architektur des Botanischen Gartens in Shanghai (Seite 38) oder das Projekt gebliebene Kulturzentrum für Shenyang.

Die gegenwärtig allerorten in Bau befindlichen Projekte von Auer+Weber+Assoziierte lassen Kontinuität im Bestreben erkennen, die Bauaufgaben mit Angemessenheit und Augenmaß, aber auch mit Ausdruckskraft zu lösen. Eine Sparkasse im Schwäbischen hat anders auszusehen als ein Bürozentrum an der Donau, ein Sportzentrum an der Côte d'Azur anders als ein ESO-Hauptquartier an der Isar. In jüngerer Zeit sind die Entwürfe vielfältiger geworden, mal zeichenhafter, formbewusster wie etwa das Freizeitbad in Courchevel oder andererseits nüchterner, rationaler wie das Technische Betriebszentrum in München. Die unterschiedliche Herangehensweise, so der Eindruck, entsteht durch die verschiedenen Autorenschaften innerhalb des Büros Auer+Weber+Assoziierte, die jeweils angemessene und an Ort und Funktion schlüssig angepasste Lösung durch den intensiven Diskussionsprozess, den jedes individuelle Projekt im Büro zu durchlaufen hat. Kein reibungsloses, unaufwendiges Verfahren, doch eines, das die Qualitäten aller Bauten sichert, die mit dem Markennamen des Büros verbunden sind.

The Auer+Weber+Associates projects that are currently under construction in various places demonstrate an effort to solve building tasks appropriately and with a sense of proportion as well as with panache. A savings bank in Swabia must differ from an office complex on the Danube, and a sports complex on the Côte d'Azur must diverge from the ESO headquarters on the River Isar. The designs have become more multifarious in recent times; sometimes more symbolic, more conscious of form, like the leisure baths in Courchevel or, in the opposite direction, more sober like the Technical Service Centre in Munich. It seems that such different approaches result from different authorship within the Auer+Weber+Associates practice. The respectively appropriate solutions appear to be coherently adapted to place and function as a result of the discussion processes that each individual project goes through within the practice. Although it is not a frictionless, simple process, it ensures the quality of all of the buildings that are associated with the trademark of the practice.

PROJEKTE
PROJECTS

UNIVERSITÄTSBIBLIOTHEK, MAGDEBURG
UNIVERSITY LIBRARY, MAGDEBURG

Das „Gedächtnis der Stadt", das Straßennetz, wie es vor dem Krieg bestand, hat die Grundform der neuen Bibliothek der Otto-von-Guericke-Universität bestimmt. Der einstige sternförmige Platz an der Pfälzer Straße ist freilich durch die geänderten Straßenführungen nur noch rudimentär zu erleben. Die Fußgängerschneise diagonal durch den Block erklärt sich so, denn es war die frühere Ludolfstraße, die auf den Platz zulief. Sie bildet nun die westliche, diagonale Begrenzung des einseitig trapezförmigen Baufelds.

Die Architekten reagierten auf die städtebauliche Vorgabe mit einem überraschenden Konzept. Vier scheinbar übereinander geschobene Baukörper definieren im Zusammenspiel die Grenzen des Baufelds. Bei genauerer Betrachtung wird deutlich, dass die additiv erscheinende Bauform durch rational konstruierte, mehrfache Faltung eines Bandes entsteht, das als Betonfläche auf dem Vorplatz seinen Anfang nimmt und, von Stirnfläche zu Stirnfläche aufwärts mäandernd, sich in den Stockwerksdecken materialisiert. Die einzelnen Geschosse kragen zum Teil abenteuerlich aus und balancieren auf spindeldünnen Rundstützen. Das Haus macht neugierig. Das Betonband geleitet in die große Halle und bildet dort das Atrium, in dem sich weite diagonale Blicke ergeben und von der aus alle Ebenen überschaubar sind.

Eingehängte holzverkleidete Treppenläufe verbinden die Niveaus miteinander. Man ahnt, wie viele Modelle im Büro in langen Näch-

The "Memory of the City," a network of streets built in their pre-war configuration, defined the shape of this new library for Otto von Guericke University. Admittedly, altered street layouts mean that the formerly star-shaped plaza on Pfälzer Street can only be partially experienced. This explains a pedestrian passage that slices diagonally through the block. Formerly the Ludolf Street that led to the plaza, it now forms the western diagonal border to the partially trapezoidal site.

The architects reacted to the urban parameters with an unusual concept: an interplay between four building volumes, which appear to have been shifted on top of one another, and which define the boundaries of the site. On closer inspection it becomes apparent that the seemingly additive building volume has its roots in a rationally constructed, multiply folded band. It starts as a concrete surface on the forecourt and meanders upwards from end face to end face, materialising in the ceilings of each level. The individual levels sometimes cantilever precariously, balancing on slender cylindrical columns. This building awakens curiosity. The concrete band flows into a large hall, forming its atrium with long diagonal visual axes and an overview of all levels.

Suspended timber-clad flights of stairs connect the levels with one another. One can only suspect how many models must have been produced on long nights in the office until the surfaces connected

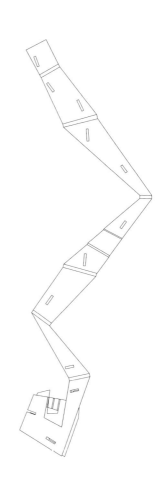

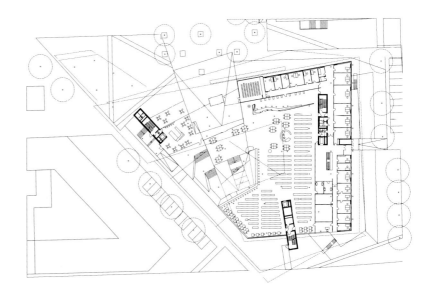

ten produziert worden sind, bis die Flächen sich fügten, die Erschließungskerne in den verschiedenen Geschossen an der richtigen Stelle auftauchten, die schrägen Anschlüsse ihren Schrecken verloren und baubar erschienen, die Stützen ihren endgültigen Platz fanden – der dann doch irgendwie zufällig erscheint, etwa wenn eine Stütze just auf der breiten Holztreppe zum ersten Obergeschoss zum Stehen kommt.

Der nonchalante, spielerische Umgang mit Raum und Flächen, Stützen und Wänden bei dieser Art von Architektur geht meist einher mit der unprätentiösen, oft rüden Installation der Haustechnik, mit offen liegenden Leitungssträngen, Lüftungsrohren aus rohem Zinkblech und allgegenwärtigen Sprinklerrohrnetzen. Nicht so bei der Universitätsbibliothek Magdeburg. Nur die Sprinklerleitungen sind an den Decken zu sehen, alle anderen Leitungen sind in den Doppelböden verlegt, Heizkörper und Fluchttüren sind unauffällig in die Verkleidungen der Treppenhauskerne integriert. Diese tertiären Elemente sind als das verstanden, als was sie zumeist in Erscheinung treten, nämlich als Störungen der Ästhetik der primären architektonischen Struktur und infolgedessen so weit als möglich versteckt oder unauffällig gestaltet.

Viel Licht flutet durch Fassaden und Glasdach, oft zu viel Licht, was die Architekten bewog, in die Dachflächen Gläser mit integrierten Aluminiumrastern zur Lichtlenkung einzubauen und vor den Fassaden drehbare Lamellen aus prismatisch strukturiertem Acrylglas anzuordnen, die ebenfalls das Licht dämpfen und streuen.

Das Haus ist als offene Bibliotheks- und Leselandschaft konzipiert, die sich um ein Atrium formiert. Keine Wände, nur leichte Holzeinbauten und Bücherregale gliedern die Räume. Von den mehr als eine Million Bänden sind 70 Prozent frei zugänglich. 690 Arbeitsplätze unterschiedlicher Art, zurückgezogen oder exponiert, einzeln und in Gruppen sowie Lesekabinen verteilen sich im ganzen Haus überwiegend an den Außenwänden.

Die reale wie atmosphärische Transparenz, Durchlässigkeit und Übersichtlichkeit des Gebäudes innen wie außen, für ein konzentriertes Studieren zwar nicht unproblematisch, suggeriert ungehinderte Zugänglichkeit zum Bildungsgut Buch und vernetzt den Hort des Wissens eng mit dem umgebenden Lehr- und Wissenschaftscampus.

Gebäudetypologisch hebt sich die markante Bibliothek deutlich von ihrer Umgebung ab und ist als attraktiver Blickfang an der viel befahrenen Ost-West-Achse Walther-Rathenau-Straße zum Wahrzeichen der Universität geworden.

and the access cores appeared at the right points of the various levels, the slanted junctions became less complex, and until the posts found their definitive positions, (which then nevertheless still seem random, for example when a post just happens to be standing on the wide timber staircase to the first floor).

Often such nonchalant, playful treatment of space, surfaces, posts and walls in this genre of architecture is accompanied by coarsely installed building services with visible pipes, ventilation ducts of crude sheet zinc and unsightly sprinkler pipe networks. This is not the case in the Magdeburg University Library. All pipes, (excluding the sprinkle pipes which can be seen on the ceiling), are hidden in the false floor; radiators and escape doors have been inconspicuously concealed in the cladding of the staircase core. The purpose of these tertiary elements has been comprehended; they are disturbances to the aesthetics of the primary architectural structure and have therefore been hidden or designed to be as inconspicuous as possible.

Light floods through the façades and glazed roof; at times even too much light, prompting the architects to incorporate an integrated aluminium grid for light control and to install rotatable louvers of prismatically structured acrylic glass in front of the façades to further soften and disperse the light.

This building is conceived as an open library and reading landscape around an atrium. It has no walls; only light timber fittings and bookshelves structure the space. Of the more than one million books, seventy per cent are freely accessible. There are 690 diverse workstations ; some secluded others exposed, individual ones and others that cater for groups, as well as reading cabinets, which are distributed throughout the whole building, primarily beside the exterior walls.

The transparency, permeability and clarity of this building both on the interior and the exterior—omewhat problematic for concentrated study, implies impeded access to the key to knowledge that books represent, and also connects it with the surrounding teaching and scientific campus.

From a building-typology point of view this striking library stands out from its surroundings. It has become a symbol of the university and a prominent landmark on the main arterial east-west axis formed by Walther Rathenau Street.

PRISMA HAUS, FRANKFURT/MAIN
PRISMA BUILDING, FRANKFURT/MAIN

Die an die Architekten ihrer neuen Hauptverwaltung gerichteten Wünsche des Bauherrn HOCHTIEF waren allumfassend. Die Büroflächen sollten multifunktional nutzbar und unterteilbar sein, eine effektive, kommunikative Bürowelt mit ökologischer Optimierung und Niedrigenergiestandard stand im Pflichtenheft. Einer gewissen Prägnanz des Gebäudes und einem selbstbewussten Auftritt der neuen Hauptverwaltung in der Bürostadt Niederrad südlich des Mains stand man keineswegs abgeneigt gegenüber.

Dreizehn Geschosse sind es geworden, ein prismatischer Baukörper mit einer Hypotenuse von 214 Metern, die die östliche Grenze der Bürostadt markiert und am S-Bahnhof einen kraftvollen Auftakt erzeugt. Das Haus bildet wieder Straßenräume und nutzt den Freiraum im Inneren als Atrium. Während die anderen Bürotürme in Niederrad mit einem Blick erfasst sind, schlichte Kuben mit Abstandsflächen, mal hoch, mal quer, monotone Betonraster oder abweisend verspiegelte Glasfassaden von der Erde bis zur Dachkante, verweilt das Auge bei HOCHTIEF, mustert das Vexierspiel der Fassaden, verfolgt die Treppenläufe, versucht die transparenten Ecken zu durchdringen und das Leben im Inneren zu entdecken. Es ist deutlich zu sehen: Das Haus lebt und atmet. Die Freiräume des Grundstücks sind in Form eines Atriums als nutzbarer Raum in das Gebäude einbezogen.

Mit seinen kürzeren Schenkeln des Grundrissdreiecks zeigt sich der Bau zum Quartier als Haus mit Geschossen. Die Hypotenuse öffnet sich als Wärmekollektor nach Südosten und als „Schaufenster" gegen die Bahnlinie. Entlang ihrer gläsernen Wand führt innerhalb der Doppelfassade ein „Stairway to Heaven" bis hinauf zur Dachlobby, die mit einem wunderbaren Ausblick bis hinüber zur Skyline der Frankfurter Innenstadt aufwartet.

Innere Attraktion ist der glasgedeckte, gebäudehohe Innenhof. Er hat vielfältige Funktionen der Belichtung und Belüftung, ist Wärmepuffer und ganzjährig zu nutzender Erholungs- und Kommunikationsraum. Hier gibt es den Ort für Veranstaltungen, den „Freisitz"

The client HOCHTIEF expressed all-encompassing wishes to the architects of their new head office. The offices areas were to be multi-functional and dividable: "an effective, communicative office environment with ecological optimisation and low energy standards" was written in the functional specification catalogue. One would not be adverse to a certain distinctiveness and self-confidence of the new headquarters in Niederrad, an office district south of the River Main.

The building ended up being thirteen storeys high, a prismatic building volume with a hypotenuse of 214 meters, marking the eastern boundary of the office district and providing a strong prelude to the local urban rail station. Street spaces and open areas have been used inside the atrium of this building. While the existing high-rises in Niederrad can be grasped at a glance—clear cut cubes with setbacks, some vertical, others more horizontal, monotonous concrete grids or reflecting ground-to-roof glass façades—HOCHTIEF is captivating. One attempts to decipher its picture puzzle façades, follow its stairways and tries to penetrate its transparent corners to uncover he life inside the building. It is obvious: this building lives and breathes. The open spaces of the site have been integrated into it via the atrium.

The building shows itself to be a multi-storied structure with on the shorter sides of the triangle in ground plan. Its hypotenuse opens up towards the south-east as a heat collector and as a "display window" towards the traintracks. A "stairway to heaven" leads up along the glazed wall inside the double-glazed façade to the roof lobby with a wonderful view over to the skyline of inner-city Frankfurt.

The main interior attraction is a glazed inner courtyard that extends over the entire height of the building. It has the multiple functions of lighting, ventilation, heat buffer and year-round leisure and communication space. This is where the event space, the "open area" for the canteen on the northern corner of the courtyard and the

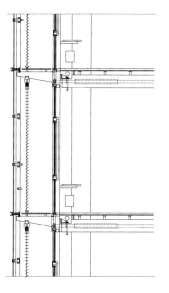

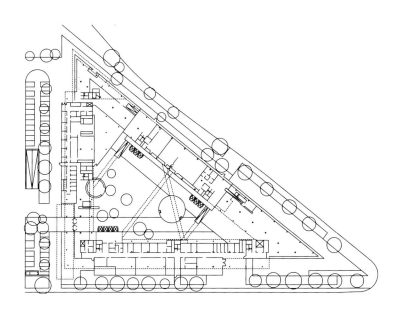

für die Kantine in der nördlichen Ecke des Hofs und das klimatisch aktive Wasserbassin. Alle Geschosse stehen mit diesem inneren Marktplatz in Blickkontakt. Vier Brücken durchqueren den Hallenraum und sorgen für kurze Verbindungswege innerhalb des Hauses. Gleichzeitig ist die Halle ein wichtiges Element der Klimakonzeption des Hauses.

Ohnehin waren für die innere und äußere Gestalt des Gebäudes in hohem Maß das Energiemanagement und die Gebäudetechnik von Einfluss. Die Gebäudeaußenhülle wurde minimiert. Sind die West- und die Nordfassade mit aufgesetzten Fensterbändern und außen liegendem Sonnenschutz ausgestattet, umgibt die Südwestseite eine voll verglaste Doppelfassade, die nach dem Prinzip der Kaminwirkung entlüftet.

Mit natürlichen Mitteln und thermodynamischen Prinzipien und unter Vermeidung von aufwendiger Apparatetechnik sind Heizung, Kühlung und Luftversorgung ressourcensparend organisiert. Im

climatically active water pool re located. All levels have a visual connection to this interior market place. Four bridges cross the hall area, guaranteeing direct connections within the building. The hall is also an important element as far as the climatic conception of this building is concerned.

High levels of energy management and building technology influenced the interior and exterior design. The outside skin of the building was minimised. While the west and north facades are equipped with fitted ribbon-windows and exterior sun shading, the southwest façade is cloaked in a fully-glazed double façade which ventilates according to the chimney principle. Heating, cooling and ventilation have been organised with natural means and thermodynamic principles, avoiding complicated process technology.

In summer cool air is sucked out of an underground cooling channel and directed into the hall. Cooling is also extracted from the pool, which is connected to a geothermic heat exchanger. The cool

Sommer wird Frischluft über einen kühlenden Erdkanal angesaugt und in die Halle geleitet. Auch das Wasserbassin, das mit einem Erdwärmetauscher in Verbindung steht, wird zur Kühlung herangezogen. Die kühle Luft strömt durch die Geschosse, erwärmt sich und wird über „Solarkamine" und über das Hallendach abgegeben. Im Winter wärmt der Erdkanal die Luft an, die direkt in die Geschosse fließt und nach Erwärmung die Halle heizt.

Die Transparenz und Offenheit des Hauses wären umsonst, würde man sie nicht auch in den Büros erleben. Die Flächen sind zwar in brandschutztechnisch begrenzte Einheiten von 400 Quadratmetern unterteilt, verdeckt integrierte Brandschutztore sichern jedoch funktionale Verbindungen und den Durchblick durch die Geschosse. Großraum-, Gruppen- und Einzelbüros in Zweibundanordnung sind möglich und auch alternative Büroorganisationsformen können dank der auf Flexibilität ausgerichteten Gebäudekonzeption realisiert werden.

So ist das Gebäude für den Baukonzern HOCHTIEF als Vorzeigeobjekt für Bautechnik und architektonische Konzeption sowie für ökologische Ausrichtung und nachhaltigen Betrieb zur Eigennutzung geplant worden. Bezogen wurde es jedoch nach Fertigstellung von einem Mieter, dem es nun obliegt, die innovative Technik zu betreiben.

air flows through the levels, warms up, and is emitted via a "solar chimney" and the hall roof. In winter the underground channel warms up the air, which flows directly into the different levels and heats the hall after being warmed up further.

The transparency and openness of this building would not make sense were they not to be experienced in the office spaces. Although they are divided into zones of 400 workstations to comply with fire protection regulations, integrated fire protection doors provide functional connections and views through all levels. Large, group and individual offices can be arranged in double-ribbon configuration and alternative types of office organisation are also possible thanks to the flexibility of the building concept.

This building has therefore become an important prototype of building technology and architectural conception as well as of ecological orientation and sustainable operation for the HOCHTIEF construction company. However, it was ultimately leased to a tenant after completion; it now rests upon them to run the innovative technology.

BOTANISCHER GARTEN, SHANGHAI CHENSHAN (CN)
BOTANICAL GARDEN, SHANGHAI CHENSHAN (CN)

Berge versetzen, wer träumte nicht von solch schöpferischen Taten. Zumindest Hügel haben sie aufgeworfen, die Architekten und Landschaftsarchitekten aus den Büros Auer+Weber+Assoziierte, Straub + Thurmayr aus Freising sowie Valentien + Valentien aus Wessling. In der flachen, nur von wenigen Zeugenbergen akzentuierten Schwemmlandebene am Westrand von Shanghai haben sie den neuen, 206 Hektar großen Botanischen Garten mit einem Hügelring umgrenzt. In die künstliche Topografie des dynamischen, skulptural modellierten Walls ist die Architektur von Auer+Weber+Assoziierte integriert, ja buchstäblich eingebettet. Denn die Gebäude sind Teil des wogenden Ringwalls, wachsen aus ihm heraus und verschwinden wieder darin.

Auch das Eingangsbauwerk ist in diesen Wall eingebunden und empfängt die Besucher mit weiter Eingangsfront und goldenen Schriftzeichen an der Fassade. Es gibt den Weg frei ins Innere der Anlage. Foyer und Kassenhalle bilden einen transitorischen Raum zwischen dem Vorfeld und dem *hortus conclusus*. Das zurückgesetzte, verglaste Obergeschoss wird für Veranstaltungen, Tagungen und Ausstellungen genutzt und bietet Platz für das Restaurant mit Panoramablick in den Garten sowie die Büros der Verwaltung. Mit seiner klaren, sachlich-geometrischen Architektursprache steht das Gebäude kontrastvoll als Artefakt gegen die hier präsente, effektvoll entfaltete Natur.

Im Nordwesten der Anlage schmiegt sich das Forschungsgebäude in den Wall ein, mit Grün überwachsen, nur die beiden geschwun-

Moving mountains, who doesn't dream of such creative acts? At least they made hills; the architects and landscape architects from the practices Auer+Weber+Associates, Straub + Thurmayr from Freising and Valentien + Valentien from Wessling. A ring of hills defines the two hundred and six hectare Botanical Gardens situated on flat wetland planes that are accentuated by a few buttes on the western edge of Shanghai. The architecture of Auer+Weber+Associates has been integrated into the artificial topography of a dynamic, sculpturally modelled ridge; literally embedded into it. The buildings are part of an undulant ring embankment, growing out of it and disappearing into it again.

The entrance building volume is also embedded in this embankment; it receives the visitor with a wide entrance front and gold characters on the façade. It clears a path to the interior of the complex. Foyer and ticket hall form a transitory space between the frontal area and the *hortus conclusus*. A recessed, glazed top level is used for events, conferences and exhibitions and provides space for the restaurant with panoramic views into the garden as well as for administrative offices. Its clear, matter-of-fact-geometrical architectural language makes the building stand like an artefact in strong contrast to the surrounding expressively unfolding nature.

A research building snuggles into an embankment to the northwest of this ensemble. Covered in greenery, only its two curving façades are revealed—a three-storey part curves convex out towards the research garden, while a two-storey part curves concave towards

genen Glasfassaden zeigend, die dreigeschossige, konvexe nach außen zum Forschungsgarten hin, die zweigeschossige, konkave nach innen dem Botanischen Garten zugewandt. Ein Gitterwerk mit Rankgewächsen schützt gegen Sonneneinstrahlung. Die Foyerhalle vermittelt zwischen den beiden Niveaus innerhalb und außerhalb des Ringwalls. Von ihr aus sind Labors und Hörsaal einerseits und Bibliothek und Kasino andererseits erschlossen. Den größten Teil des unteren Geschosses nimmt das Herbarium ein. Die Konzeption des eingegrabenen Gebäudes, die aktive und passive Nutzung von Solarenergie und Grundwasser sowie die weitgehend natürliche Belüftung optimieren die Umweltbilanz des Gebäudes.

Die dritte große bauliche Anlage ist die Gewächshausgruppe im Nordosten, drei lang gestreckte, gewölbte Formen, die aus dem Hügelwall heraus zu quellen scheinen. Zwischen den drei Gewächshäusern, dem Palmenhaus, dem Kakteenhaus und dem Orchideenhaus, sind unter dem Hügel als linsenförmige Grundrissformen Hörsaal, Restaurant und eine Ladengruppe sowie der zweite Publikumseingang des Botanischen Gartens situiert. Die fließenden „Blob-Formen", anderenorts häufig unmotiviert-künstliche, meist provokante Formsetzung, entwickeln sich hier organisch aus dem Gesamtkonzept des Gartenentwurfs und bilden einen attraktiven Anziehungspunkt im Verlauf des Rundgangs.

Dies gilt auch für die sekundären Gebäude, die hier und da auf dem Gelände anzutreffen sind: Servicegebäude und Toilettenanlagen, die mit ihren geschwungenen Wänden das eingeführte Vokabular aufnehmen, fügen sich harmonisch in die Formenwelt ein und weisen sich als Mitglied der architektonischen Familie aus. Nur die außerhalb des Rings positionierten Dienstgebäude und das Gästehaus gehören nicht zu dieser Familie und zeigen die für das Büro charakteristischere rationale Formensprache.

the interior and the botanical garden. A lattice structure with climbing plants provides sun protection. The foyer hall mediates between the two levels inside and outside the ring embankment. The laboratories and lecture theatres are accessible from one side of it and the library and casino from the other. The herbarium occupies most of the bottom level. The concept of this dug-in building, its active and passive use of solar energy and groundwater as well as its largely natural ventilation optimise its environmental balance.

The third-largest building ensemble is the greenhouse group to the northeast; three longitudinal arched shapes appear to swell out of a hilly embankment. Lecture theatre, restaurant and a cluster of shops as well as the second entrance to the Botanical Gardens have been situated with lens-shaped ground plans under the hill between the three green houses—the palm house, the cactus house and the orchid house. Their flowing blob shapes, such as are often to be seen as unmotivated-artificial, usually provocative forms, develop organically from the general concept of the garden design to add an appealing centre of attraction to the circuit.

This can also be said of the secondary buildings, which are dotted around the site; service buildings and toilet facilities with curving walls in the same spatial vocabulary harmoniously blend into the context, demonstrating that they also belong to this architectural family. Only the service building and visitor building outside the ring are not part of the family, emanating the rational formal language that is more typical of the practice.

STAATLICHE FACHOBERSCHULE, FRIEDBERG
STATE TECHNICAL SECONDARY SCHOOL, FRIEDBERG

Bei der Anfahrt schiebt sich zunächst die Konradin Realschule ins Blickfeld. Doch dann, gleich neben dem etwas drögen Siebziger-Jahre-Bau, mit vorgelagertem Festplatz, ein Haus von stupender Eleganz, die neue Staatliche Fachoberschule des Landkreises Aichach-Friedberg. Leicht, fast schwebend der quer gelagerte, zwei-geschossige Klassentrakt, zum Teil auf nadeldünnen Stützen, zum Teil auf dem dunkleren Sockelgeschoss ruhend. Fenster und einzelne Räume sind von außen nicht abzulesen, denn die Gesimsbänder und die durchlaufende Front aus Sonnenschutzlamellen überspielen die Binnenstruktur und lassen die beiden Obergeschosse als einheitlichen, horizontal gegliederten Baukörper erscheinen.

Darunter schiebt sich das Vordach des Eingangs heraus, eine klassische, im doppelten Wortsinn schulmäßig die Schwellenängste abbauende und einladende Geste. Man nähert sich ungezwungen über das Vorfeld, findet sich unter dem Dach geborgen, gewinnt erste Einblicke und kann sich orientieren. Ein Oberlicht im Vordach mindert den Effekt der blendenden Hell-dunkel-Kontraste im Eingangsbereich.

Man tritt ein und fühlt sich freundlich empfangen. Die Orientierung fällt leicht, denn die Eingangshalle geht über in den von Galerie-

Konradin Secondary School initially comes into view as one approaches. However, right after the somewhat dull seventies structure with frontal festival square, follows a building of great elegance:the new state technical secondary school of the administrative district of Aichach-Friedberg. This light, almost floating, horizontally-oriented, two-storey classroom wing partly rests on needle-thin posts, partly on a darker plinth. Windows and individual rooms are not legible from the outside; the cornice and uninterrupted sun-shading louvered-front hide the building's interior structure, making its two top levels a uniform, horizontally articulated volume. The projecting roof of the entrance area reaches out below—a classical scholastic gesture in both senses of the meaning; it banishes any threshold fear while simultaneously being inviting. Having effortlessly approached the building via the forecourt one finds oneself embraced by the projecting roof, one catches a first glimpse inside and can orientate oneself. A skylight in the projecting roof reduces potentially dazzling contrasts between light and dark in the entrance area.

One feels welcomed as one steps inside. Initial orientation is easy as the entrance hall transitions into the atrium of the galleried class-

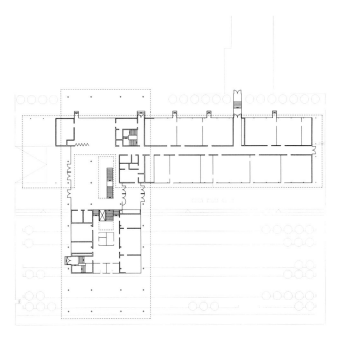

gängen begleiteten Lichthof des Klassentrakts. Die Übersicht ergibt sich intuitiv durch eine deutlich ablesbare funktionale Trennung. Die zentrale Treppe führt offenkundig hinauf zu den Stammklassen, rechterhand geht es einige Stufen hinauf zur Verwaltung, geradeaus fällt der Blick in die Tiefe des Flurs der Fachklassen. Ein Aufzug ist als verbindendes, turmförmiges Element zentral positioniert, wenngleich er für die Schüler nur zeichenhaft wirksam ist, weil er im Schulalltag nicht zur Benutzung steht, sondern den Zugang in alle Geschosse für Behinderte sichert. Die Eingangshalle ist gleichzeitig belebter Treffpunkt und Aula.

Sowohl die Materialwahl als auch die Ausbildung der Details in den Innenräumen verraten eine hohe Sorgfalt und Zuwendung durch Planer und Ausführende. So breitet sich beispielsweise ein gediegener BituTerrazzo zwischen den Sichtbetonwänden der Flure, im Verwaltungsbereich und in der Aula aus, die ruhig und aufgeräumt

room wing. Clearly legible functional separation makes the building intuitively comprehensible. A central stairway leads to the main classrooms, a few steps on the right lead to the administration, where there is a view straight ahead into the depths of the hall to the specialised classrooms. An elevator has been centrally positioned as a key connecting element, although only symbolically for most pupils as it is not accessible for everyday use; it provides disabled access to the upper levels. The entrance hall serves as both a vibrant meeting place and an auditorium.

The choice of materials and the detailing inside this building demonstrate a high level of care and attention by planners and contractors. An elegant BituTerrazzo flows between the exposed concrete walls of the halls, administrative area and auditorium. The fact that all extra installations including radiators, fire extinguishers and vending machines have been recessed into niches and that the

wirken, weil alle installierten Elemente wie Heizkörper, Feuerlöscher, Automaten und dergleichen in Nischen versenkt und die Türen flächenbündig eingebaut sind. Einbauschränke, Türen und Wandverkleidungen zeigen die Farbe hell gebeizten Birkenholzes.

Der warme Ton der Birke bestimmt auch die Stammklassenräume, deren Außenwände auf ganzer Breite verglast sind. Der Gang zwischen den Fenstern und den Sonnenschutzlamellen dient als zweiter Fluchtweg. Die Lamellenflügel lassen sich raumweise individuell öffnen und bieten auch in geschlossenem Zustand genügend Aussicht. Einen anderen, mehr technischen Werkstatt- oder Laborcharakter weisen die Fachklassen im Erdgeschoss auf.

Die Freiflächen wurden von den Landschaftsarchitekten Latz + Partner als räumliche Erweiterung der Architektur geplant. Die Pausenzone auf Erdgeschosshöhe vor dem Gebäude treppt sich mit Sitzstufen bis zu einem Wasserbecken ab, in dem das Dach- und Oberflächenwasser gesammelt wird.

Der durchgängig hohe Qualitätsmaßstab vermittelt sich den Nutzern und Besuchern und führt zur Sorgfalt und pfleglichen Behandlung der Schulräume durch die Schüler, was durchaus als eines der Erziehungsziele gesehen werden kann.

doors are flush gives a calm, clear appearance. The surfaces of built-in cupboards, doors and wall cladding are light, stained birch wood.

The main classrooms are also characterised by this same warm birch colour, while their outer surfaces are entirely glazed laterally. A passage between windows and sun protection louvers serves as a second escape route. The louver blades can be opened individually per room; they provide ample views to the outside even when closed. Specialised classrooms on the ground floor have been designed in a different, more technical, workshop or laboratory character.

Latz + Partners landscape architects designed the outdoor area to be a spatial extension of the architecture. A ground level break-time area in front of the building leads via stair-seating down to a catchment pool in which roof and surface water are collected.

This building universally exudes high quality; a fact that is obvious to users and visitors. It invites its pupils to treat it with care and attention; an aspect that can by all means be considered one of its educational objectives.

ZENTRALER OMNIBUSBAHNHOF ZOB, MÜNCHEN
CENTRAL BUS STATION ZOB, MUNICH

Schon vom Zug aus ist das „Gürteltier" (wie es Gerhard Matzig in der *Süddeutschen Zeitung* genannt hat) neben den Gleisanlagen kurz vor dem Hauptbahnhof zu sehen. Aber noch ist die Fußwegverbindung von den Bahnsteigen zum ZOB nicht eingerichtet. Bis dahin empfiehlt es sich für die Reisenden, noch eine Station mit der S-Bahn bis zur Hackerbrücke zurückzulegen oder den Fußweg entlang der Arnulfstraße zu nehmen. Vom Brückenkopf der denkmalgeschützten Hackerbrücke aus führen zwei Stege zum Westeingang des ZOB ins erste Obergeschoss, in die sogenannte ZOB-Passage.

Die nach außen gelb leuchtende „Promenade" zieht sich hier über die ganze Länge durch das Gebäude, eine kurzweilige Passage, in der alles geboten wird, an was es den Reisenden mangeln könnte, von der Stärkung im Schnellrestaurant bis zum geschmackvollen weiß-blauen Mitbringsel aus der Bayernmetropole. Die Fahrkarten gibt es ein Geschoss höher, gleich neben dem Warteraum, der durch die elegante Cockpit-Form den besten Ausblick auf die Innenstadt bietet und ohne Konsumzwang in Anspruch genommen werden kann.

Solchermaßen gestärkt und mit Fahrkarte und Proviant versehen, geht es hinab zu den Busparkplätzen auf Straßenniveau, die geschützt unter dem aufgeständerten Gebäude aufgereiht sind. Vor allem abends ist Betrieb, wenn die Nachtbusse in alle Länder Osteuropas ablegen.

Abends ist aber auch vor dem Gebäude etwas los, denn an der Ostseite neben dem Rundpavillon „Café Keksdose" und neben der Treppe vom Pkw-Parkplatz zum Promenadendeck führt eine Freitreppe hinab zum Untergeschoss. Man hat die Gunst der lärm- und verkehrsunempfindlichen Lage genutzt und eine Diskothek eingeplant: Dies ist ein seltener Fall dieser Größenordnung als Neuplanung, denn üblicherweise werden derlei Etablissements in bestehenden Häusern eröffnet. Das Innenleben des Clubs „neuraum" wurde vom Münchner Architekten Martin Cotter (Raumkonzept)

This "armadillo" (as Gerhard Matzig called it in the *Süddeutsche Zeitung* newspaper) comes into view beside the tracks from trains approaching Central Station (ZOB). However, there is as yet no pedestrian connection from the platforms to the ZOB. Until it has been built, it is advisable for passengers to travel one stop further on urban rail to Hackerbrücke station or to walk along Arnulf Street . Two platforms lead from the bridgehead of the heritage protected Hackerbrücke Bridge to the western entrance of the ZOB and into the first floor—through the so-called ZOB passage.

The "promenade", which glows a bright yellow from outside, extends through the length of the whole building; a stimulating passageway that offers everything a traveller could wish for—from reinforcement in a fast-food restaurant to tasteful blue and white souvenirs from the Bavarian metropolis. Tickets can be bought on the floor above beside the waiting room, whose elegant cockpit-like volume provides the best views of the inner-city without pressure to consume.

Thus nourished and equipped with ticket and provisions, one descends to the bays on street level where the buses are lined up under the protection of an elevated structure. Most activity here takes place in the evenings when night busses depart to every corner of Eastern Europe.

However, the front of the building is also lively in the evenings; a flight of steps leads down to the lower level—to the east of the round "Café Keksdose" pavilion and beside the stairs from the car park to the promenade deck. The planners made the most of this location, which is surrounded by noise and traffic, by incorporating a discotheque into the building. This is a rare example of pre-planning—usually such establishments open in already-existing buildings. The interior of the "neuraum" club was designed by Munich architects Martin Cotter (spatial concept) and by Hildmann Möller Wilke Architects from Munich (interior design and lighting) to accommodate 2,400 guests. It is also very safe, with five generously dimensioned escape routes.

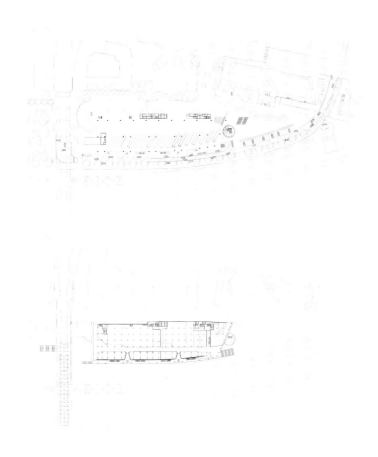

und von HildmannMöllerWilke Architekten aus München (Innenarchitektur und Beleuchtung) geplant und bietet Raum für 2400 Besucher. Mit fünf reichlich dimensionierten Fluchtwegen ist er wohl auch einer, in dem man sich wirklich sicher fühlen kann.

Ein Investorenprojekt wie der ZOB wäre nicht tragfähig ohne einen gewissen Anteil an Büroflächen. Diese Büros sind in drei Geschossen über dem Promenadendeck in einer kammartigen Struktur mit vier Innenhöfen untergebracht. Um dem hybriden Nutzungsmix eine einheitliche, objekthafte Form zu verleihen, haben ihm die Architekten oberhalb der Promenade eine zweite Hülle aus Stahl und Leichtmetall geschneidert, die die oberen Geschosse und die Innenhöfe überfängt.

Hierbei ist ein spantenartiges Stahlgerüst mit längsgerichteten Aluminiumrohren belegt, die in der Summe einen anteiligen Sonnen-

An investor project like the ZOB could not have been financially viable without a certain amount of office space. The offices are accommodated on three storeys in a chamber-like structure with four interior courtyards. The architects have tailored a second skin of steel and light metal above the promenade to give this hybrid of functionality a uniform form, enveloping the upper floors and the interior courtyards.

A frame-like steel skeleton has been clad in longitudinal aluminium tubes; en masse they provide partial sun shading while also primarily shaping the space. There are "ladders" in the netting of the northern side—sections without tubes that act as viewing windows and provide better illumination to the north-oriented offices.

The large dynamic shape of the skin, which tapers slightly towards the station, awakens manifold associations with tracks, ships, ani-

schutz ermöglichen und in erster Linie raumbildend wirken. Auf der Nordseite gibt es „Laufmaschen" im Geflecht, das heißt Partien ohne Rohre als Blickfenster und zur besseren Belichtung der nach Norden gerichteten Büros.

Die dynamische Großform der Hülle, die sich zum Bahnhof hin etwas verjüngt, weckt mannigfache Assoziationen an Gleise, Schiffe, Tiere, jedenfalls an sich bewegende Dinge, wie es eben die Busse unter ihrem Schirm und wie es auch die Züge sind, die nebenan vorbeiziehen.

Als *architecture parlante* bildet der ZOB einen erfrischenden Blickfang und ein Merkzeichen für Reisende in dem ansonsten noch reichlich uninspirierten Entwicklungsgebiet des Arnulfparks entlang der Gleisanlagen zwischen Hackerbrücke und Donnersberger Brücke und einen attraktiven Auftakt für das neue Stadtquartier.

mals; moving elements like the busses under their protection and the neighbouring trains that glide by.

As *architecture parlance,* the ZOB is an invigorating eye-catcher and a landmark for travellers in the otherwise still largely uninspired environment around Arnulf Park, along the tracks between Hackerbrücke and Donnersberger Bridges; it is a very attractive gateway for this new city district.

AUSSTELLUNGSGEBÄUDE BRÜHLSCHE TERRASSE, DRESDEN
EXHIBITION BUILDING "BRÜHLSCHE TERRASSE," DRESDEN

Canaletto hatte es im 18. Jahrhundert natürlich noch nicht zu Gesicht bekommen, doch heute sind die beiden Gebäude der Kunstakademie und des Sächsischen Kunstvereins aus dem „Canaletto-Panorama", also der Stadtansicht vom nördlichen Elbufer aus, nicht wegzudenken. Hinter der neobarocken Kunstakademie an der Brühlschen Terrasse erhebt sich die glasgedeckte Kuppel des Kunstvereins, wegen der gefalteten Rippen volkstümlich „Zitronenpresse" genannt, und gesellt sich als kleine Schwesterkuppel der Frauenkirche hinzu.

Während das Hochschulgebäude den Krieg leidlich überstand, erlitt das ebenfalls 1885–94 von Constantin Lipsius in monumentaler Neorenaissance errichtete Ausstellungsgebäude mit dem überkuppelten Oktogon große Schäden. 1968 wurde die gläserne Kuppel rekonstruiert, der komplette Wiederaufbau begann jedoch erst nach der Wiedervereinigung. „Geldmangel ist der beste Denkmalschutz", heißt es und Geldmangel verhinderte glücklicherweise die geplante Totalrekonstruktion.

Das Konzept der Gewinner des Wettbewerbs für die Sanierung des Ostteils des Ausstellungsgebäudes Auer+Weber+Architekten in Zusammenarbeit mit dem ortsansässigen, auf Denkmalpflege spezialisierten Architekten Rolf Zimmermann sah vor, eine Zeitreise zu inszenieren. Natürlich blieben die wenigen historischen Schmuckelemente erhalten, sie wurden jedoch weder vervollständigt noch repariert oder irgendwie geschönt. Sie erzählen nach wie vor vom 13. Februar 1945, als der Bombenhagel durch die Dächer brach. Und die geborstenen Treppen lassen die Gewalt des Feuersturms erahnen, der durch das Haus fegte. Ein leichtes, stählernes Treppengerüst ist auf die alten Stufen aufgesetzt, als wolle es auf Zehenspitzen die geschundenen Steine möglichst wenig belasten. Durch Abrücken der Treppen und Podeste von der Altbausubstanz wird diese zum Exponat, als ginge man durch eine archäologische Ausgrabungszone.

Although Canaletto did not get the opportunity to see it in the eighteenth century, it is impossible to imagine the "Canaletto Panorama," and thus the view of the city from the northern banks of the River Elbe, without the Academy of Fine Arts and Kunstverein, Saxon Art Association buildings. The Art Association's glass dome, locally known as the "lemon press" due to its folded ribs, ascends behind the neo-baroque Academy of Fine Arts on Brühlsche Terrasse, to accompany Dresden's Frauenkirche as a smaller dome.

While World War II left the university building almost unscathed, the exhibition building, constructed from 1885–94 by Constantin Lipsius in monumental neo-renaissance style with domed octagon, was severlydamaged. Its glass dome was rebuilt in 1968, however general renovations n first began after German reunification. One says that "lack of money is the best monument protection"; luckily in this instance lack of funds hindered a planned complete reconstruction.

The winning concept of the competition: to restore the eastern part of the exhibition building, by Auer+Weber+Architects in collaboration with the local heritage architect Rolf Zimmermann, involved orchestrating a journey through time. The few remaining historic decorative elements have indeed remained in place, however they have not been restored or repaired to perfection, nor in any way preserved. They continue to tell the tale of 13 February 1945, when a hail of bombs exploded through the roof. A cracked stairway further conveys a memory of the violent firestorm that swept through the building all those years ago. A light steel stair frame has been placed on top of the old stairs as if on tip toes to burden the maltreated stones as little as possible. By shifting the stairs and landings away from the old fabric of the building, the latter becomes an exhibit, giving visitors the feeling of wandering through an archaeological dig.

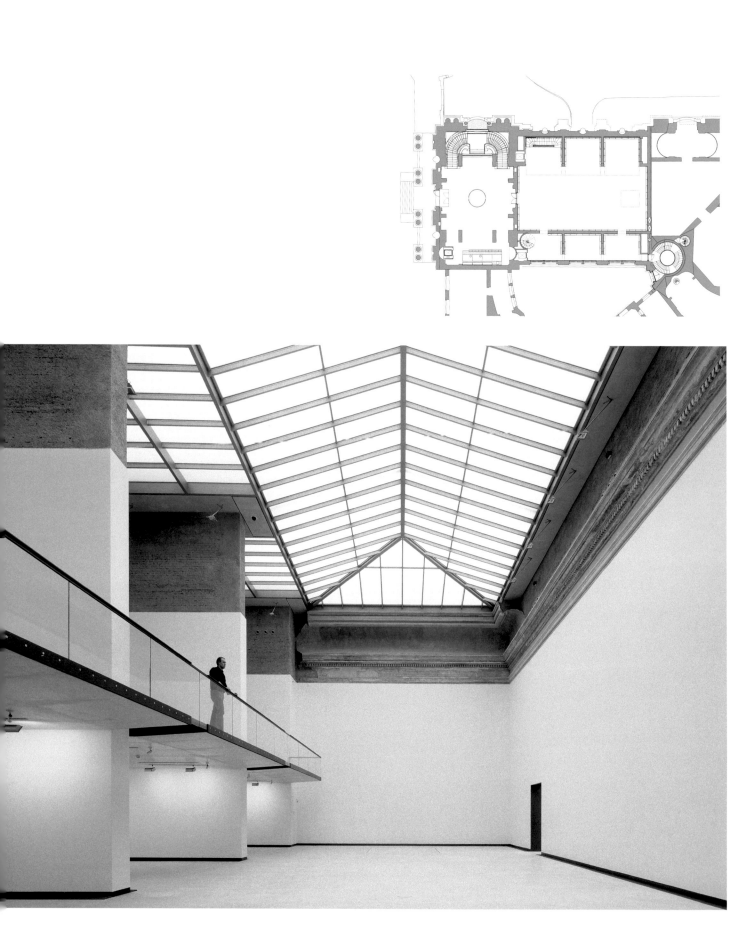

Morsche Säulen waren schon zuvor durch Betonsäulen ersetzt worden, glatte Zylinder ohne Entasis, die wenig bildhaft nur die Struktur komplettieren. Das Gewölbe im Untergeschoss der Rotunde blieb unverputzt und ist umso fesselnder, denn man mustert es unwillkürlich und sinniert, wie die Handwerker die Gurte und Kappen wohl gemauert haben.

Der Oberlichtsaal erscheint in moderner Formensprache. Die Wände erhielten als Hintergrund für die Exponate einen weißen Glattputz. Das obere Drittel der Wände ist zum Teil von einem schweren Hauptgesims mit Voute eingenommen, dessen oberes Profilsims das Auflager für das Glasdach bildet. Das Gesimsrelikt erzählt von der früheren historistischen Ausgestaltung. Dort wo das Gesims kriegsbedingt endet, ergibt sich ein Einblick in den Hohlraum hinter den Stuckprofilen. Die kahlen Wandpartien tragen im oberen Wanddrittel statt der Gesimse einen grauen Spritzputz, der Rohbauoberfläche simuliert und die gedankliche und ästhetische Verbindung zu Vestibül und Treppenhaus herstellt.

Zwischen zwei eingeschobene Schottwände wurde eine Galerieebene gespannt, eine durch dunkle Stahlränder schwebend erscheinende, extrem dünne Platte. Das Glasgeländer mit stählernem Handlauf nimmt sich ganz zurück, um diesen Eindruck nicht zu stören.

Für einen zeitgemäßen Ausstellungsbetrieb notwendige technische Elemente wurden weitestmöglich verborgen. Nur pure, zeitlose Moderne und schicksalsträchtige Historie treten miteinander in einen spannenden Dialog, der dem zuvor geschwätzig, aber nichtssagend historisierenden Haus eine neue, nie gekannte Qualität hinzufügt.

In the past, a number of decayed columns were replaced by concrete posts; smooth cylinders without an entasis, which functionally completed the structure. The vault in the lower level of the rotunda has remained unplastered; its fascination comes from imagining how the masons must have laid the intricate brickwork.

The skylight hall has been designed in modernist formal language. Its walls have been plastered a smooth white as a background for the exhibits. The top third of the walls is partly defined by a heavy entablature with Voute cove whose upper profile ledge acts as a support for the glass roof. This cornice relic tells of former historic decoration. Due to war damage, one can see into the hollow space behind the stucco profiles where the cornice ends. The upper third of the bare segments of wall have been spray-plastered grey, simulating the surface of the building shell and establishing a conceptual and aesthetic connection to the vestibule and staircase.

A gallery level has been spanned between two interposed divider walls; the former an extremely slender panel that appears to float between dark steel borders. An unobtrusive glass balustrade with steel handrail does not lessen its effect.

The technical equipment required for contemporary exhibitions has, as far as possible, been hidden. Only pure, timeless modernism and destiny-laden history stand in fascinating dialogue with one another, adding a new, previously unknown quality to this formerly loquacious yet nondescript, historic building.

ECE-STADTGALERIE, PASSAU
ECE STADTGALERIE, PASSAU

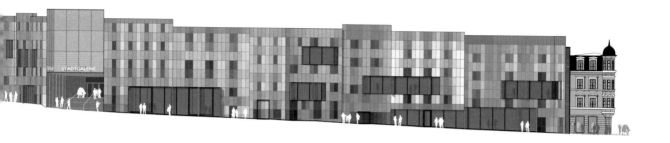

Ein Einkaufszentrum ist keine Kathedrale und keine Fürstenburg. Es wäre demnach unangemessen, wenn sich die 1,5 Hektar einnehmende Stadtgalerie am Rand der Passauer Altstadt, „das größte Bauvorhaben seit dem Dom", mit ihrer Dimension und Struktur entsprechenden architektonischen Mitteln präsentierte. Sie würde alle Maßstäbe sprengen und ihr Umfeld auf brachiale Weise beherrschen.

Wichtigste Aufgabe beim auf das äußere Erscheinungsbild beschränkten Entwurf des von der ECE gebauten und betriebenen Einkaufszentrums musste es sein, den Maßstabssprung zwischen dem großvolumigen Handelsriesen und der im 19. Jahrhundert geprägten Nachbarschaft zu meistern. Die Simulation historischer Häuser war keine Option, doch deren Körnung und Erscheinung musste durchaus den Maßstab vorgeben. Die Architekten gliederten die langen Flanken des Gebäudes durch leichte Vor- und Rücksprünge und durch Höhenversätze der Dachlinie in einzelne, hochrechteckige Fassaden, die den Parzellen der Innenstadthäuser entsprechen. Die Tatsache, dass die historischen Häuser der Inn- und Salzachstädte keinen Dachüberstand besitzen, kam den Architekten dabei entgegen. Nur an der Südwestseite, entlang der Bahngleise, ist ein größerer Maßstab angeschlagen.

A shopping mall is not a cathedral nor is it a royal castle. It would therefore be inappropriate for the 1.5 hectare-large Stadtgalerie in the periphery of the historic part of Passau—"the largest construction project since the cathedral"—to present itself with corresponding architectural expression, considering its dimensions and structure. It would be completely out of scale and would utterly dominate its surroundings.

The most important objective of the design, which is limited to the outer appearance of the shopping mall, built and run by the German real-estate developing firm ECE, was to manage a leap in scale between this large-volume commercial giant and its surrounding nineteenth century neighbourhood. A recreation of historic buildings was not an option, although their size and appearance did define the scale. The architects used subtle setbacks and protrusions to structure the long flanks of the building as well as shifts in the height of the roofline to make individual oblong façades that correspond to the plot sizes of the inner city buildings. The fact that the historic buildings in this city, penetrated by the rivers Inn and Salzach, do not have any roof overhang worked to the architects' advantage. Only on the south-west side, towards the rail tracks, does its large scale become apparent.

Abweichend vom Prinzip historischer Fassaden ist die Außenhaut in Schichten angelegt, eine innere Funktionsschicht, die Zugänge, Schaufenster, Werbung, Technik, Sicherheit etc. übernimmt und eine vordere Schauschicht, die das Stadtbild interpretiert. Sie besteht aus perforierten Aluminiumtafeln in einer Modulgröße von 1,50 auf 0,70 Meter mit jeweils variierenden Lochanteilen und -größen, die in unterschiedlichen Farbnuancen lackiert wurden. Zehn Farbfamilien mit jeweils 15 Tönen kamen zur Anwendung, jeweils eine pro Einzelfassade.

Dazu haben die Architekten einen typischen Passauer Straßenzug fotografiert, das Bild extrem grob gepixelt und dann auf die Fassadenstruktur rückübertragen. Die Farben orientieren sich an dem in der Nachbarschaft anzutreffenden Spektrum. Innerhalb der Einzelfassade wurden durch Farbtonwechsel Fensteröffnungen und Stockwerksteilungen angedeutet. Gewollte Irritationen entstehen

In contrast to the historic façade principle, the outer skin has been designed in layers; an interior functional layer, which serves access, display windows, advertising, technology and safety etc. and a front display layer that interprets the cityscape. It consists of aluminium panels in module sizes of between 1.5 and 0.7 metres with varying levels and sizes of perforation painted in diverse color nuances. Ten color combinations, each in fifteen shades, were applied; one each per façade.

The architects photographed a typical Passau street, pixelated the picture extremely and then reapplied it to the façade structure. The colors are oriented according to the color spectrum found in the neighbourhood. Changing shades of colors within individual façades indicate window openings and divisions between levels. Intentional disharmony is caused by having real window openings break through to stand in conflict with those implied, thus clarifying

dadurch, dass hier und dort reale Fensteröffnungen durchgebrochen sind, die mit den angedeuteten in Konflikt treten. Dadurch wird deutlich, dass es sich um eine Inszenierung handelt, ein Thema, das auch den historischen Häusern niederbayerischer Städte mit ihren Schildfassaden nicht fremd ist. Auf diese weitgehend abstrakte Weise korrespondiert die Stadtgalerie mit ihrer Umgebung. Zwischen Tag und Nacht wechselt das Erscheinungsbild durch die LED-Beleuchtung der hinteren Funktionswand. Es ergibt sich ein Inversionseffekt mit attraktiver Werbewirkung.

Da das Zentrum vom Stadtturm und von den umgebenden Höhenzügen aus einsehbar ist, wurde auch die Dachaufsicht mitgestaltet, indem Streckmetalldächer über den Parkierungsflächen die Parzellenteilung fortführen und sich im Farbton den Dächern der Umgebung anpassen.

Der konzeptionelle Ansatz, die große Baumasse altstadtgerecht zu kaschieren und zu parzellieren, ist sicherlich kompromissbehaftet und kann nach der reinen Lehre der architektonischen Moderne kontrovers diskutiert werden. Es ist jedoch auch für den Laien jederzeit ablesbar, dass es sich bei der Fassadenabwicklung der Stadtgalerie nicht um Einzelhäuser, sondern um ein ganzheitliches Gebäude handelt, bei dem es gelungen ist, ihm eine dem Auftritt auf der Stadtbühne angemessene Garderobe zu verleihen.

the fact that this is an orchestration—a situation that is not foreign to historic buildings in Lower Bavarian cities with their showpiece façades. The Stadtgalerie thus corresponds with its environment is this largely abstract way. Its appearance changes from daytime to night-time as a result of LED lighting on the rear functional wall, creating an inversion effect, which gives an attractive promotional impact.

Since the centre is visible from the City Tower and from the surrounding hills, its roof was also integrated into the design; expanded metal roofing extends in the units of the plot-sized divisions over the parking areas, tying visually into the surrounding roofs.

The conceptual approach of camouflaging this large building volume and subdividing it out of consideration for the old part of town is certainly compromise-ridden and controversial. The decision can be hotly debated according to the pure teachings of architectural modernism. However, it is obvious to the layman that in its façade structure, the Stadtgalerie is a single unit and not a collection of individual buildings; it has been given an appropriate wardrobe for its performance on the urban stage.

ALTER HOF, MÜNCHEN
ALTER HOF, MUNICH

Wie umgehen mit einem Ensemble, das Geschichte aus dritter Hand vermittelt? Im 13. Jahrhundert erster fester kaiserlicher Herrschaftssitz und zwei Jahrhunderte lang Residenz der Wittelsbacher, wurde das Geviert in der Münchner Altstadt vielfach umgestaltet und schließlich, nach schweren Kriegszerstörungen, im nördlichen und östlichen Teil in vereinfachter Form in den fünfziger Jahren neu errichtet. Diesen Nachkriegsbauten war kein langes Leben beschieden. Im Rahmen einer umfassenden Sanierung des gesamten Hofbereiches wurden die Nordost- und Ostflügel wieder abgerissen.

Es war die von der Denkmalpflege mitgetragene Entwurfsentscheidung, unter Verweis auf verschiedene historische Bauzustände das Hofgeviert zu stärken und zu beruhigen. Schließlich galt es, die ältesten erhaltenen Teile, Zwinger- und Burgstock, zu einem Ambiente zu ergänzen, das die ursprüngliche Burganlage wieder nachvollziehbar macht.

Für die Neubauten, den Pfisterstock im Nordosten und den Brunnenstock an der Ostflanke, beide von Auer+Weber+Assoziierte geplant, kamen die Direktiven im Übrigen von den Investoren, und das bedeutete zunächst einmal, maximale Geschossfläche zu generieren. Nutzfläche also bis unter den Dachfirst, beim Pfisterstock von der Kellersohle bis zur Galerie im Dach insgesamt nicht weniger als zehn Ebenen.

Anliegen der Architekten war es, „in der präzisen Ausformung der Details die moderne Haltung der Neubauten unmissverständlich kenntlich zu machen".

How does one approach a project that imparts history third hand? As the first permanent imperial seat of reign in the thirteenth century and residence of the Wittelsbacher Dynasty for two hundred years, this court in the old part of Munich has been refashioned many times; its northern and eastern wings were ultimately rebuilt in simplified form in the 1950s after heavy war damage. Those post-war buildings were not destined to have a long life span. The north-east and east wings were demolished in the context of extensive restoration of the whole court complex.

Responsibility for the design decision to reinforce and quieten the court square with reference to various historic stages of construction was shared with the heritage department. The objective ultimately became to provide surroundings for the oldest remaining parts—the bailey and the Burgstock—to make the original castle complex comprehensible.

Ideas for the new wings—the Pfisterstock to the north-east and the Brunnenstock to the east—planned by Auer+Weber+Associates, also came from the investors, whose interest was to generate maximum floor space. This meant floor space up to below the ridge (in the Pfisterstock from the cellar to the roof gallery), amounting to no less than ten levels.

The architects' objective was "to make the modern appearance of these new buildings unmistakably recognisable by precisely designing their details".

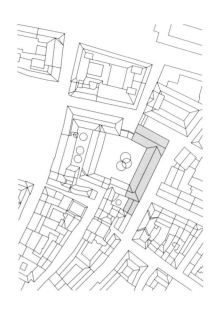

In der Tat, die helle Natursteinfassade des Pfisterstocks aus Altebürger Kalkstein und die rein weiß verputzten Fassaden im Hof mögen noch barocke Fensteranordnungen reflektieren; mit ihren dunklen, scharf geschnittenen Fensteröffnungen und vor allem den flächenbündigen Scheiben am Pfisterstock und der demonstrativen Exaktheit lassen sie jedoch keinen Zweifel über ihre Entstehungszeit aufkommen.

Dachgauben sollen normalerweise historisches Bauen assoziieren, doch hier geben sie sich unzweifelhaft modern. Dachflächenfenster sind meist gestalterische Störfaktoren, diese hier am Brunnenstock sind mit den darunterliegenden Gauben zu einem Element kombiniert und wunderbar ästhetisch gemeistert.

Die Fenster der straßenseitigen Dachflächen sind von unten aus nicht wahrzunehmen, weil sie hinter Schlitzen in der Dachhaut liegen, das heißt, das Ziegeldach wurde hier mittels „Ziegelbaguettes" in Lamellen aufgelöst. Dennoch gibt es genügend Aussicht aus den beiden Dachgeschossen, deren oberes noch mit einer mittigen Galerie ausgestattet ist. Elegante Treppenhäuser mit dynamischem Schwung, mehr konnten die Architekten den Luxuswohnungen im Brunnenstock nicht mitgeben. Ihre Kompetenz endete an den Wohnungstüren.

Größere Freiheiten konnten sie sich bei dem kleinen, viergeschossigen Verbindungsbau zum Zerwirkgewölbe aus dem 13. Jahrhundert an der Sparkassenstraße nehmen. Sie gaben ihm eine Aluminiumfassade mit geschosshohen, teilweise verschiebbaren, perforierten Metallpaneelen, die sich auch über die Dachfläche bis in den Hof zieht. Das Perforationsmuster der Paneele simuliert einen bewegten Wasserspiegel, Reminiszenz an den früher hier durchlaufenden, seit Langem aber verdolten Pfisterbach. Der Bau distanziert sich bewusst von seinen Nachbarn und lässt deshalb den Alten Hof auch von außen in seinen früheren Grenzen ablesbar bleiben.

Eine neu eingeführte Passage durch den Brunnenstock ist mit brüniertem Messingblech ausgekleidet, als sei es ein kostbares Inneres, das der Passant hier durchschreitet. Der Durchgang gehört zu einer neuen, vor allem touristisch interessanten Querverbindung durch den Block vom Marienhof hinüber zum Hofbräuhaus.

Bauen in historischer Umgebung bedeutet im Fall der Neubautrakte des Alten Hofs bewusstes Einbringen einer neuen Zeitschicht bei Wahrung der strukturellen Identität des historischen Ensembles und Verweigerung jeglicher konkreter historisierender Assoziation. Illusionsarchitektur, wie sie bei der Sanierung des historischen Südteils des Hofs unter der Ägide des staatlichen Bauamts entstand, ist von diesen Architekten nicht zu haben.

Indeed, the light natural stone façade of the Pfisterstock of the Altebürger and the courtyard's pure white-plastered façades make reference to baroque window configurations. However, the dark, clear cut window openings, especially the Pfisterstock's flush window panes and their precision, leave no room for doubt as to their date of origin.

While dormer windows are usually associated with historic buildings, in this case they are clearly modern. Skylights can be tricky to design, however those of the Brunnenstock have been aesthetically mastered by combining them with the dormers underneath to form one element.

The windows of the street-facing roof surfaces have been positioned behind slits in the roof skin, making them invisible from below; this tiled roof has been dissolved into louvers using "elongated tile baguettes." However, both roof levels still provide ample views; their highest points have each been endowed with a central gallery. The architects could not have given the luxury apartments in the Brunnenstock more than their elegant, dynamically sweeping staircases. Their area of influence discontinues outside the apartment doors.

However, they had scope for more freedom in the design of the four-storey connecting building to the thirteenth century Zerwirk Arch on Sparkassen Street. t has been designed with an aluminium façade consisting of floor-to-ceiling, partially sliding perforated metal panels that extend over the roof into the courtyard. Their perforation pattern simulates dynamic water reflections in reference to the Pfisterbach Stream that ran through here previously, but that has long been buried. This building consciously distances itself from its neighbours, thus leaving the original boundaries of the Alter Hof legible from the outside.

A new passageway that passes through the Brunnenstock has been clad in burnished sheet brass to give the passer-by the feeling of penetrating a precious interior. It is part of a new connection, mainly for tourists, from the Marienhof to the Hofbräuhaus.

Building in an historic context has come to involve the conscious inclusion of a new layer of time while also conserving the structural identity of an historic ensemble and denying any direct historic associations in the construction of these new wings of the Alter Hof. An "architecture of illusion," as was carried out in the restoration of the historic southern part of the court under the auspices of the state building authority, was not an option for these architects.

ESO-HOTEL AM CERRO PARANAL (RCH)
ESO HOTEL AT CERRO PARANAL (RCH)

Buchstäblich Neuland betreten mitteleuropäische Architekten, wenn sich die Örtlichkeiten, in denen sie bauen, von den bislang Vorgefundenen so weit von dem Gewohnten unterscheiden, wie das in der Atacama-Wüste im Norden Chiles in 2600 Metern Höhe der Fall ist. Dazu kommen ungewohnte Planungs- und Realisierungsbedingungen. Das erste Bauvorhaben von Auer+Weber+Architekten im Ausland nach einem geladenen internationalen Generalplanerwettbewerb stand unter hohem Kostendruck und musste mit den Standards der örtlichen Bauindustrie verwirklicht werden. Die erdbebensichere Ausführung der Konstruktion war eine weitere Hürde.

Das Hotel mit 108 Zimmern und 22 Büros für die Mitarbeiter und Wissenschaftler des Astronomischen Forschungszentrums der ESO ist nicht nur Unterkunft, sondern auch Lebens- und Erholungsraum in einer Umgebung mit extremen klimatischen Bedingungen. Im Unterschied zum benachbarten Betriebsgelände des Observatoriums mit seinen Werkshallen und offenen Lagerflächen tritt das Hotel zunächst als Bauwerk überhaupt nicht in Erscheinung. Um möglichst wenig Störungen der topografischen Situation zu verursachen, ist es in eine Hangmulde eingeschmiegt und nur als Kante sichtbar. Es öffnet sich mit seiner bis zu viergeschossigen Höhe nur talseitig nach Südwesten. Von Norden sind lediglich eine flache, mit transluzentem Polycarbonat eingedeckte Kuppel, einige Oberlichter und drei nach unten führende Rampen zu sehen. Der aus dem Gelände talseitig heraustretende Baukörper, der bis auf einen geringen Verglasungsanteil nur Wandflächen zeigt, wurde durch eisenhaltige Betonzuschläge dem rötlichen Gestein der Wüste angepasst. Frühmorgens liegt die Südostseite im harten Sonnenlicht

Central European architects literally encounter new territory when the places in which they build differ so greatly from the ones where they have so far worked and which they are familiar with; as is the case in the Atacama Desert in northern Chile, at a height of 2,600 metres. Unfamiliar planning and implementation procedures came additionally. The first construction project that Auer+Weber+Architects worked on abroad, after an invited international planning competition, was built under great financial pressure and had to be carried out in accordance with local building methods and standards. The earthquake-proof construction of the structure was a further obstacle to overcome.

The hotel, with 108 rooms and 22 offices for staff and scientists of the astronomic research centre ESO, not only provides accommodation; it is also living and leisure space in an area of extreme climatic conditions. In contrast to the neighbouring premises of the observatory with its workshops and open storage areas, the hotel initially remains inconspicuous. It has been nestled into a corrie so that it is only visible as an edge, to cause as little impact is possible to the surrounding topography. The four-storey hotel opens up to the valley side towards the southwest. From the north, only a flat dome, clad in translucent polycarbonate, a few skylights and three downward ramps are visible. The building volume, which juts out of the landscape towards the valley—most of its visible surfaces are walls apart from a small glazed part—has been made to tie in with the reddish stone of the desert by using ferrous concrete aggregates. In the early morning, the southeast lies in the hard sunlight of the clear mountain air, in the morning the windows are shaded

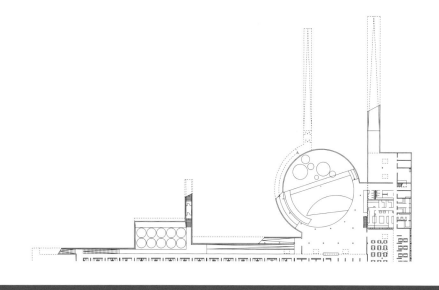

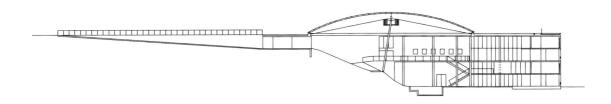

der klaren Bergatmosphäre, tagsüber sind die Fensterzonen verschattet, abends glüht die Südwestseite im roten Abendlicht. Beide Seiten wenden sich vom zwei Kilometer entfernten Standort der Teleskope ab, um die Sternbeobachtungen nicht durch Streulicht zu stören. Zusätzlich muss das Hotel abends nach außen abgedunkelt werden, eine Maßnahme mit hohem Aufwand, denn es darf insgesamt nicht mehr Licht emittieren als eine 100-Watt-Glühbirne.

Beim Eintritt tut sich für den aus der kargen Wüste Ankommenden eine andere Welt auf. Er wird von einer üppigen Oase empfangen, die von der Lichtkuppel überwölbt wird, das einzige Grün weit und breit. Ein Schwimmbecken auf der unteren Ebene des tropischen Gartens ist Erholungsort und Feuchtigkeitsspender für das Binnenklima zugleich. Eine zentrale, schräg stehende Stahlstütze trägt die Seilkonstruktion für das geraffte Textildach der Verdunkelungsanlage. Das Restaurant auf der Foyer- und Galerieebene bietet Blick in die Oase einerseits und andererseits über die Loggia Fernsicht bis zum Pazifischen Ozean.

Ein Rampensystem entlang der Abmauerung gegen das anstehende Erdreich sorgt für innere Erschließung und Bewegungsmöglichkeit, wodurch lange Hotelflure vermieden sind. Abgestufte Lichtintensitäten begleiten den Gast vom 360 Tage im Jahr gleißenden Sonnenlicht außen bis in die dunklen Bereiche des Hotels und die Zimmer. Ein zweiter, mit einem Palmenhain begrünter Lichthof ist den Hotelzimmern zugeordnet. Die 16 Quadratmeter großen Unterkünfte haben einen großzügigen Arbeitsbereich und direkten Außenbezug. Die von der Lobby und vom Restaurantbetrieb am weitesten entfernten Zimmer sind den Astronomen vorbehalten, die tagsüber ihre Ruhephase haben. Wände und Fußböden sind betonsichtig roh belassen und wie alle anderen Betonflächen rötlich eingefärbt, lediglich die Oberfläche des Fußbodens wurde poliert und versiegelt. Der Innenausbau beschränkt sich, auch wegen der extremen Witterungsbedingungen, auf die Verwendung roher Materialien wie Beton, Stahl, Glas und Holz.

Als haptisch-sinnliche Gegenwelt zur hochgezüchteten Hightech-Anlage des Observatoriums auf dem Bergtableau, als stressfreie Zone und als angenehm temperiertes und gestaltetes Refugium in einer lebensfeindlichen Wüstenlandschaft erfüllt das Hotel eine wichtige Aufgabe, indem es den mehrwöchigen Aufenthalt in der Wissenschaftsklausur am Cerro Paranal erträglicher macht.

Umso verstörender die schrecklichen Bilder von der finalen Katastrophe, die das Hotel 2008 in Trümmer legte – zum Glück nur in computeranimierter Form im Showdown des James-Bond-Films *Quantum of Solace*.

and in the evening the southwest glows in red evening light. Both sides are oriented away from the location of the telescope, two kilometers away, to leave observation of the stars uninterrupted by stray light. The hotel must be darkened even further at night, a task which takes great effort—altogether it may not emit more light than a 100-watt light bulb.

Another world opens up to anyone entering from the barren desert. A lush oasis, overarched by a domed roof light, greets the visitor—this is the only greenery far and wide. A swimming pool on the lower level of the tropical garden both, serves recreation and supplies moisture to the interior environment. A central inclined steel post supports the cable construction for the gathered textile roof of the darkening apparatus. A restaurant at foyer and gallery level provides views to the oasis in one direction and in the other, a long-distance view opens up, over the loggia, as far as the Pacific Ocean.

A ramp system along the wall to the surrounding earth serves interior access and circulation, thus making long hotel corridors unnecessary. Graded light intensities take the guest from the 360-days-a-year glistening sunlight outside into the darker depths of the hotel and the rooms. A second, verdant palm grove interior courtyard is allocated to the hotel rooms. The 16 square-meter rooms provide ample working space and a direct connection to the outside. The rooms, located furthest from the lobby and restaurant, are reserved for astronomers, who rest during the day. Walls and floors have been left in exposed concrete of the same reddish colour as the other concrete areas; only the surface of the floor has been polished and sealed. Interior finishes are limited to raw materials such as concrete, steel, glass and wood; also as a result of the extreme weather conditions.

As a haptic-sensual counterpoint to the highly artificial high-tech facilities of the observatory on the mountain top, as a stress-free zone and as a pleasantly tempered refuge in a hostile environment, the hotel fulfils an essential task, making the several-week stays in the scientist enclosure at Cerro Paranal more tolerable.

So the awful images of the final catastrophe that left the hotel in ruins in 2008 are even more traumatic—thankfully they remain a computer animation for the showdown of the James Bond film *Quantum of Solace*.

ZENTRUM SOLARCITY, LINZ (A)
SOLARCITY, LINZ (A)

Der 1993 gestartete Versuch, mit der SolarCity ökologisches Bauen in einem kommunalen Modellprojekt mit privaten Bauträgern in großem Stil zu verwirklichen, war von Anbeginn umstritten. Kritiker monierten, dass bei einem weitab vom Zentrum liegenden neuen Stadtteil, auch wenn er ökologisch konzipiert ist, die Abgase nur vom Schornstein auf den Auspuff verlagert werden. Mittlerweile ist das Quartier wenigstens mit der Straßenbahn an den ÖNV angebunden.

Die Architekten der READ Gruppe (Renewable Energies in Architecture and Design) Thomas Herzog, Norman Foster und Richard Rogers sorgten für Aufmerksamkeit. Weitere Bauabschnitte wurden an verschiedene Architekten per Wettbewerb vergeben.

Ein neuer Stadtteil mit 1300 Wohnungen und 6500 Bewohnern benötigt Infrastruktur und ein Zentrum. Den Wettbewerb dafür gewannen Auer+Weber+Architekten mit dem Entwurf einer Anlage von 16 zu einer Reihung von Zeilen zusammengefügten Baukörpern, durch die eine Schneise verläuft – der Lunaplatz mit der Tramhaltestelle. Hier also kommen die Pendler aus der Stadt wieder zurück, gehen im Supermarkt einkaufen, holen sich Lesestoff in der Bibliothek. Das Volkshaus mit zwei Sälen, Volkshochschule, Musikschule und Seniorenclub ist in den drei nordwestlichen Baukörpern untergebracht, Läden und Restaurants in den sechs Modulen südlich des Platzes. Passerellen verbinden die zweigeschossigen Gebäude auf der Obergeschossebene miteinander, wo sich weitere Publikumsnutzungen sowie Praxen, Läden und Büros befinden.

Doch nicht nur durch die Nutzung definiert sich das Zentrum von SolarCity, auch die Architektur setzt Zeichen: Sie bedient sich altbewährter Elemente innerstädtischer Urbanität, sie formuliert Räume unterschiedlichen Charakters, enge basarähnliche Gassen sowie dichte, kompakte und vielfältige Nutzungsstrukturen, ohne vordergründig formal Altstadt zu simulieren.

Die schematische Baukörperdisposition mit den nord-süd-gerichteten Zeilenbauten ist dabei lediglich Orientierungshilfe und – sicherlich ebenso bedeutsam – hilfreich bei der Rationalisierung des Bauprozesses. Einige wenige Kunstgriffe und die Sekundärstruktur

The attempt, which began with *SolarCity* in 1993, to realise large-scale ecological construction in a pilot project with private developers, caused controversy from its beginnings. Critics maintained that a new district removed from the city centre would simply cause emissions to shift from chimney to exhaust pipe, even if ecologically motivated. At least this area has since been connected to the local public transport system, the ÖNV, by tram.

The architects, who are members of the READ group (Renewable Energies in Architecture and Design), Thomas Herzog, Norman Foster und Richard Rogers, attracted attention to the project. Further phases of development were commissioned to various architects through competitions.

A new urban district with 1,300 apartments for 6,500 residents requires infrastructure and a central zone. Auer+Weber+Architects won the competition with the design of a complex of sixteen building volumes situated together to form a series of rows penetrated by a passage; Luna Square with a tram stop. This is where commuters from the city return to, where they shop in the supermarket or where they borrow reading material in the library. The *People's Building* with two auditoriums, an adult education centre, a music school and a senior citizen's club, are accommodated in the three north-western building volumes; shops and restaurants are located in the six modules to the south of the square. Gangways connect the two-storey buildings to one another on the upper level, where public services such as professional practices, shops and offices are located.

However, the centre of *SolarCity* is not only defined by these functions. It also has model architecture, consisting of long-proven elements of inner-city urbanity, and formulating spaces of diverse character—narrow alleyways as well as dense, compact and multifaceted functional structures—without superficially simulating an old city.

The schematic positioning of the building volumes of this north-south aligned ribbon development serves as an aid to orientation and—surely just as significantly—also as an aid to the rationalisation of the building process. The secondary structure of the stairs

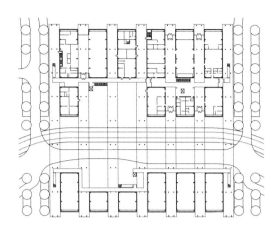

der Treppen und Stege sowie der Stahlgerüste zwischen den Zeilen sorgen für die notwendige Differenzierung. So entstand ein anregender Ort mit abwechslungsreichen Ecken und Wegen, an dem man trotz überschaubarer Größe ein wenig flanieren kann.

Die einzelnen Module bestehen aus Betonrahmen mit thermisch aktiven Betondecken und einer vorgehängten, leichten Pfosten-Riegel-Außenwand mit einer Fassade aus Lärchenholzlamellen. Ökobilanz, Energieeffizienz, solare Energiegewinne und niedrige Baukosten sind bei Planung und Bau bestimmend gewesen.

Die stählerne Gerüststruktur mit einer Spannweite in Längsrichtung von 14 Metern überspannt Gassen und Höfe und definiert den platzartigen Freiraum. Zwischen den Bauten bildet sie gläserne Schutzdächer. Im Platzbereich sind die Glasdächer mit Farbfolien nach einem Konzept des Salzburger Künstlers Josef Schwaiger versehen und definieren durch diese Differenzierung auf subtile Weise einen besonderen Ort, den Marktplatz.

Mit seinem menschlichen Maßstab, seinen sympathischen Holzfassaden und moderaten, reduzierten Werbeanlagen gibt das Ensemble weit abseits der Ästhetik und kommerziellen Rigorosität landläufiger Real- und Media-Markt-Zentren den Bürgern das Gefühl, sich in ihrem eigenen, vertrauten Quartier zu befinden. Sie besitzen im Herzen der SolarCity einen Ort ohne Hektik, Fremdbestimmtheit und Konsumzwang und immer mit der Chance, vor der nächsten Ladentür eine Nachbarin zum Schwätzchen zu treffen. „Orte für Kommunikation" heißt das im Planerdeutsch.

and gangways, as well as steel structures between the rows, guarantee the necessary differentiation. The result is a stimulating space of diversified corners and paths along which to stroll, despite being limited in size.

The individual modules consist of concrete frames with thermally active concrete ceilings, a light post and beam exterior curtain wall and larch wood louvered façade. Environmental performance, energy efficiency, solar energy generation and low building costs were decisive in planning and construction.

A steel skeleton structure with a longitudinal span of fourteen meters stretches across passageways and courtyards, also defining piazza-like open spaces and forming glazed protective roofs between the buildings. The Salzburg artist, Josef Schwaiger, created a concept whereby colored plastic foils have been installed on the glazed roofs of the squares to subtly define a special space—the market square—through the resulting differentiation.

The human scale, attractive timber façades and subtle advertising of this ensemble, far removed from the aesthetics and commercial hype of common peripheral supermarkets, large retail chains, like Real and Media Markt, allow its citizens to feel that they have their own local district. Here at the heart of *SolarCity* one can be autonomous, free from hectic consumer stress; there is always the chance of meeting a neighbour for a chat at the door of the next shop. These are known as "Communicative Places" in English planning parlance.

SEMINARGEBÄUDE GUT SIGGEN, OSTHOLSTEIN GUT SIGGEN SEMINAR BUILDING, OSTHOLSTEIN

Das Raumprogramm ist rasch vorgestellt: Die Alfred Toepfer Stiftung benötigte auf Gut Siggen an der Lübecker Bucht einen unterteilbaren Seminarbereich mit Foyer und sechs Gästezimmern zur Ergänzung ihres Seminarzentrums. Der Neubau sollte den Ort des früheren Pferdestalls einnehmen. So schließt er einerseits die Fehlstelle in der auf das Herrenhaus ausgerichteten Bebauung rings um den Gutsanger und bringt die Symmetrie und Hierarchie der Anlage ins Gleichgewicht. Andererseits nimmt sich der verglaste Baukörper zurück und lässt die Weite des Parks spüren.

Die Architekten wählten einen Archetypus der Moderne, wie ihn Mies van der Rohe 1951 mit dem Farnsworth House kreiert hat, den vom Grund abgehobenen, im Grundriss rechteckigen, eingeschossigen Glaspavillon. Sie gingen freilich noch einen Schritt weiter und ließen, indem sie die Stützen ins Innere des Gebäudes verlegten, das Haus durch den zurückgezogenen Sockel noch deutlicher schweben. Die Eleganz lässt sich kaum noch steigern. Das Haus ist in seiner Erscheinung reduziert auf zwei schlanke, gleich starke Platten für Dach und Fußboden, die hinter einen Umgang zurückweichende Ganzglasfassade mit schlanken Aluminiumprofilen und Schiebeläden aus Lärchenholzlamellen. Die beweglichen

The brief in this project is easy to describe: the Alfred Toepfer Foundation required a divisible seminar area with foyer and six guest rooms in extension of their seminar centre on Gut Siggen on Lübecker Bay. The new building occupies the site of former stables. It therefore closes the gap in the buildings around the interior courtyard that are oriented towards the manor house, bringing the symmetry and hierarchy of the complex into balance. The glazed building volume remains equally unobtrusive, leaving the expanse of the park uninterrupted.

The architects chose a modern archetype of the kind created by Mies van der Rohe in 1951 with his Farnsworth House—a single-storey glass pavilion rectangular in plan and raised above the ground. They even took it a step further; by shifting the columns to within the building, it appears to float even more above its inconspicuous plinth. It could hardly be more elegant. In appearance, the building has been reduced to two slender, equally thin plates for roof and floor behind a peripheral receded glass façade with slender aluminium profiles and sliding larch louvered shutters. The semi-transparent movable passe-partouts, that provide sun and visual protection, are aligned with the roof and floor edges. De-

Passepartouts, halb durchsichtig und als Sonnen- und Sichtschutz fungierend, stehen vor dem Umgang in der Flucht der Dach- und Bodenkante und sind trotz ihrer Luzidität die eigentlichen, den Baukörper definierenden Elemente.

Foyer und Seminarräume liegen zum Gutshof hin und orientieren sich zum mit alten Bäumen bestandenen Gutsanger. Die Gästezimmer sind an der ruhigen Südseite des Pavillons angeordnet, mit Ausblick auf den benachbarten Weiher und das Waldgrundstück. Die Zimmer sind knapp, aber ausreichend bemessen. Die Nasszellen sind mit den Schrankelementen kombiniert, die als einzige Farbtupfer im Haus intensiv karminrot leuchten.

Die Möblierung des Seminarbereichs beschränkt sich auf wenige, formal äußerst reduzierte Stücke, die nur knappe Akzente setzen. Mehr wäre weniger, um sinngemäß Mies zu zitieren. Es ist sicher nicht einfach, sich bei der ungestörten wunderbaren Aussicht auf Natur und Gutshof auf die Seminarinhalte zu konzentrieren. Vielleicht gelingt das am Abend eher, wenn es ringsum dunkel wird. Dann beginnt dieses sehr künstliche Artefakt in der überhöhten Natur des Parks zu leuchten und sein Inneres nach außen zu kehren.

spite their delicacy, these are the elements that define the building volume.

Foyer and seminar rooms are positioned towards the manor house and are oriented towards the interior courtyard that has been planted with mature trees. The guest rooms have been situated on the quieter southern side with a view of a neighbouring pond and woodlands. The rooms have been economically but sufficiently dimensioned. Bathrooms have been combined with wardrobe elements and, as the only splash of colour in this building, they glow an intense carmine red.

The furnishing of the seminar area is limited to a few carefully chosen pieces, which provide a focus. "Less is more" as van der Rohe would have said. It is probably not easy to concentrate on the seminars when surrounded by such wonderful views of nature and the manor complex. It is perhaps easier at night time when the surroundings are dark. That is when this man-made artefact set in the natural setting of the park begins to glow and to turn its interior outwards.

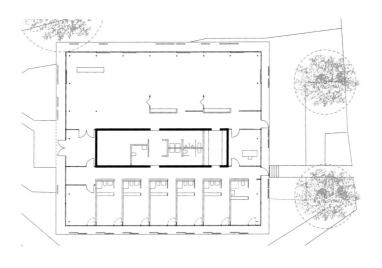

RÖMERMUSEUM UND VOLKSBANK, OSTERBURKEN
ROMAN MUSEUM AND COOPERATIVE BANK, OSTERBURKEN

Der Obergermanisch-Raetische Limes, römischer Grenzwall zur Kontrolle der Grenze gegen Germanien aus dem 1. und 2. Jahrhundert n. Chr., ist mit 550 Kilometern Länge nach der Chinesischen Mauer das zweitlängste Bodendenkmal der Welt und gehört seit 2005 zum Weltkulturerbe. Entlang dieser Grenze zeugen zahlreiche Fundstätten von der römischen Kultur jener Zeit. Eine der bedeutendsten liegt in der „Römerstadt" Osterburken, wo Hinterlassenschaften des militärischen, zivilen und religiösen Lebens gleichermaßen gefunden wurden.

Eine 1978 ausgegrabene Badanlage des Limeskastells wurde 1982 überdacht und öffentlich zugänglich gemacht. Nach Abbruch zweier Nachbargebäude konnten die Grabungen nördlich davon ausgeweitet werden und das Grundstück für die weitere Bebauung bereitgestellt werden. Ein Architektenwettbewerb erbrachte die Pläne für einen neuen Museumsbau und die Hauptstelle der Volksbank Kirnau eG. Die beiden Baukörper wurden so ausgerichtet, dass sie einen neuen Stadtplatz mit hoher Aufenthaltsqualität bilden, den Römerplatz. Außenvitrinen und Info-Stelen machen auf das Museum aufmerksam.

At a length of 550 kilometres, the Limes Germanicus, the Roman frontier rampart that controlled the border to Germania, dating back to the first and second centuries AD, is the world's second longest archaeological monument after the Great Wall of China. It has been a World Heritage Site since 2005. Multifarious archaeological sites along this frontier bear witness to the Roman culture of the time. One of the most significant is located in the "Roman City" in Osterburken, where remnants of military, civil and religious life have been discovered.

The Limes Fort bathing complex, excavated in 1978, was roofed over in 1982 and opened to the public. After the demolition of two neighbouring buildings, excavations were extended to the north and the site was prepared for further construction. An architectural competition yielded plans for a new museum building and the main branch of the Volksbank Kirnau eG, both volumes were positioned to form a new quality urban square, Römerplatz. Exterior display cabinets and information stands draw attention to the museum. Both buildings, conceived as simple, cubic volumes of a similar scale, speak the same architectural language. In reference to the

Die beiden Häuser, als einfache, kubische Baukörper ähnlicher Größenordnung konzipiert, sprechen eine gemeinsame Architektursprache. In Anlehnung an das bestehende Schutzgebäude über den Ausgrabungen erhielten sie Fassaden aus senkrecht montierter Kiefernholzlattung, die dem öffentlichen Raum einen ganz eigenen Charakter verleihen. Das Bankgebäude mit einladender Ladenfront und zwei Bürogeschossen mit französischen Fenstertüren erscheint offen und kommunikativ, der Museumsbau als Box eher verschlossen, ohne Fenster im Obergeschoss, aber mit einer ansprechenden Schaufront als Eingangssituation.

Bank und Museum sind trotz unterschiedlicher Nutzung auf diese Weise zu einem Ensemble zusammengefasst, was einerseits die Bedeutung des Museums stärkt, andererseits die Bank an dem kulturellen Ort teilhaben lässt und zudem den Stadtraum aufwertet.

existing protective structure over the excavations, both were given a façade of vertically-mounted pine battens, giving the public space between a unique character. The financial building, with an inviting shop front and two office levels with French windows, appears open and communicative. The museum building is a more closed form with no window openings on the upper levels, but with an attractive display front at the entrance.

Despite their differing functions, the bank and museum have thus been consolidated to form one ensemble, underlining the significance of the museum on one hand, while allowing the bank to contribute to a cultural place and to enhance the urban space.

A covered gangway connects the museum building to the protective structure as does a garden fence, thus extending the concept of the façade.

Mit dem Schutzgebäude ist der Museumsbau durch einen gedeckten Gang sowie durch eine Staketenpalisade verbunden, die das Thema der Fassade weiterführt.

Inhaltlich ergänzt das Museum die Anschauung der archäologischen Fundstätte durch eine Dauerausstellung, die im Erdgeschoss mit natürlichem Licht arbeitet, im Obergeschoss dagegen mit Dunkelräumen und Lichtinszenierungen.

Die puristische Sichtbetonästhetik der Innenräume steht in einem gewissen Gegensatz zu den haptisch wärmeren Holzfassaden des Äußeren und bildet andererseits den abstrakten, distanzierten Hintergrund für die Fundstücke und Architekturrelikte, die aus einem warmgelben Sandstein der Region gefertigt sind und dadurch zu eindrücklicher Wirkung kommen.

Durch die sorgfältige städtebauliche Einpassung und die an ländliche Bauweisen erinnernden Holzfassaden wird das Ensemble zu einem genuinen Teil des Stadtbilds von Osterburken, darüber hinaus ist es durch seine historischen Inhalte auch zu einem überregional bekannten Touristenziel geworden.

The museum complements a visit to the archaeological site with a permanent exhibition that is lit by natural light on the ground floor whilst in contrast, on the top floor, is characterised by dark rooms and light orchestrations.

The pure exposed concrete aesthetics of the interior spaces stand in contrast to the haptically warmer timber façades of the exterior. The former also enhances and provides an abstract, more distanced background to the archaeological finds and architectural relics made of local warm, yellow sandstone.

As a result of its careful integration into the urban fabric and its timber façade that is reminiscent of rural building styles, this ensemble has become a genuine part of the townscape of Osterburken; it has also become a well-known national tourist destination as a result of its historic content.

CENTRE DES SPORTS BELAIR, LUXEMBURG (L)
SPORTS CENTRE BELAIR, LUXEMBOURG (L)

Die Entwicklung des Luxemburger Stadtteils Belair nimmt Fahrt auf. Am Val Sainte-Croix entstehen neue Wohnquartiere, Kultur- und Bildungseinrichtungen, dazu das städtische Projekt eines Sportzentrums für Schul- und Vereinssport und für das Programm „Sports pour tous". Im Unterschied zu den anderen Wettbewerbsteilnehmern mit städtisch wirkenden Lösungen schlugen Auer+Weber+Assoziierte vor, lichte Kuben in die freie Landschaft zu stellen und damit die parkartigen Freiflächen zu erhalten. Das Sportzentrum besteht aus einem Schwimmbad und einer Dreifachsporthalle, die organisatorisch und baulich durch ein Sockelbauwerk miteinander verbunden sind. Ein öffentlicher Weg überquert das Sockelbauwerk und bindet dadurch die Sportstätten in den Park ein.

Da das Ensemble an einem Abhang liegt, reichen ein Teil der Räume, Umkleideräume, das Foyer etc. unter die Erde und werden über Oberlichtkanzeln mit Zenitlicht erhellt. Der gemeinsame Eingangsbereich wird flankiert von einem Konferenzraum und kleineren Büros für die Sportvereine, die auf diese Weise engen Kontakt zum Publikum haben. Die Erschließung ist auf eine optimale Orientierung ausgerichtet. Die Besucher finden ihren Weg intuitiv. Im Foyer werden bereits die Themen der Hallen angeschlagen. Die geflieste Wand links führt zum Schwimmbad, geradeaus der Empfang verweist mit seinen farbigen Holzpaneelen auf die Sporthalle, in der sich dieselben Gestaltungselemente wiederholen.

Das L-förmige Becken des Schwimmbads im höheren der beiden Baukörper hat in einem Schenkel fünf 25-Meter-Bahnen, im anderen einen ansteigenden Boden für den Nichtschwimmerbereich. Ein Geschoss höher, oberhalb des Umkleidetraktes und der

Development of the district of Belair in Luxemburg is progressing rapidly. New residential areas, cultural and educational complexes as well as an urban project for a sports centre for school and club sports and for the "Sports Pour Tous" (Sports for All) programme are being built at Val Sainte-Croix. In contrast to the other competition entrants with urban-operative solutions, Auer+Weber+Associates proposed placing translucent cubes into the open landscape, to preserve the park-like open spaces. Their sports centre consists of a swimming pool and a triple sports hall that are functionally and physically connected to one another by a plinth structure. A public path transverses the plinth building, thus integrating the sports complex into the park.

Since the ensemble is situated on a slope, some of the rooms, the changing rooms, the foyer etc. extend underground and are illuminated by light through skylight recesses. A common entrance area is flanked by a conference room and smaller offices for sports clubs, putting them in close contact with the public. The access is optimally oriented, allowing visitors to find their way intuitively. The themes of the halls are already touched upon in the foyer. A tiled wall to the left leads to the swimming pool and the reception straight ahead, with colored timber panels, which make reference to the sports hall, in which the same design elements recur.

An L-shaped swimming pool in the taller of the two buildings, has twenty-five-meter long lanes in one leg and a sloping floor in the other leg for non-swimmers. The swimming pool gallery is located one level higher, above a changing and shower area, and in front of a common room for school children. The square space is surrounded

Duschen, liegt vor einem Schüleraufenthaltsraum die Galerie der Schwimmhalle. Der quadratische Raum ist ringsum von Glaswänden umgeben und von Oberlichtern zusätzlich erhellt. Die Dachkonstruktion besteht aus Holzleimbindern, die einen in beide Richtungen spannenden Rost bilden. Da die Endfelder zur Fassade hin offen sind und die Binder auf sehr schmalen Stützen ruhen, scheint die Holzkonstruktion fast zu schweben.

Die Sporthalle ist von schlanken stählernen Hohlkastenträgern überspannt. Sie ist in drei Sektionen teilbar und besitzt eine Galerie mit 400 Tribünenplätzen. Die Tribüne nutzt die Topografie, es entsteht ein ebenerdig zugänglicher Freibereich für kleinere Veranstaltungen. Die Prallwände wurden mit farbig behandelten Holztafeln verkleidet. Die Südseite ist raumhoch verglast.

Dem Problem der Sonneneinstrahlung wurde durch eine vertikal gegliederte, starre Sonnenschutzhülle aus Aluminiumrosten begeg-

by glass walls and further illuminated by skylights. The roof structure consists of laminated girders, which create a grid that spans in both directions. Since the outside fields are open to the façade and the girders rest on very narrow posts, its wooden structure almost appears to float.

The sports hall is spanned by narrow, metal girder beams. It can be divided into three parts and has a gallery that can seat four hundred spectators. The stand makes the most of the topography, creating a ground-level accessible open area for smaller events. The target walls have been clad in colored timber panels while the south side is glazed from floor to ceiling.

Solar radiation is countered with a vertically-structured sun-protection mantle of aluminium screening, with extra glare protection; which has been installed as a second layer in front of the façade. The shape and position of the louvers have been selected to pro-

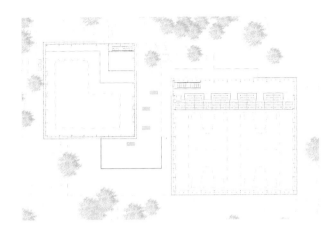

net, die mit einem zusätzlichen Blendschutz ausgestattet ist und sich als zweite Schicht vor die Fassade legt. Die Form und Lage der Lamellen sind so gewählt, dass sie Sonnen- und Blendschutz sowie die Nutzung solarer Wärmegewinnung im Winter bieten und der Sichtbezug zum Außenraum dennoch erhalten bleibt.

Somit setzt sich im Inneren fort, was Ziel des Entwurfs war, nämlich die größtmögliche Erhaltung der Freiraumqualitäten und des öffentlichen Raums rings um die Sporteinrichtungen, von der Wohnbebauung einerseits bis zum maßstabslosen Parkhaus im Norden andererseits.

vide sun and glare protection as well as for solar energy gain in winter, while preserving a visual connection to the outside space. The original objective, namely maximum possible preservation of the open space and public space around the building—from the residential buildings on one side to the over-sized multi-storey car park to the north—has thus been extended into the interior space.

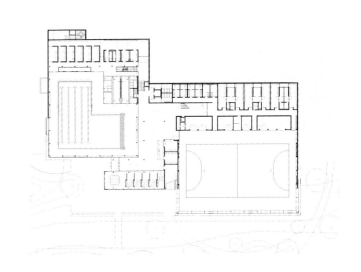

BILDUNGS- UND VERSORGUNGSZENTRUM, STUTTGART
EDUCATIONAL AND SUPPLY CENTRE, STUTTGART

Es ist schon ein besonders ehrgeiziges stadtplanerisches Unterfangen, eines von zwei im Rahmen der Klinikkonzentration verbliebenen Krankenhauszentren inmitten der engen Innenstadt auszubauen. Das traditionsreiche Katharinenhospital unweit von Hauptbahnhof und Uni-Campus soll bis 2015 zum zentralen „Standort Mitte" entwickelt sein. Eines der dazu notwendigen Infrastrukturprojekte ist das Bildungs- und Versorgungszentrum, für das sich ein Grundstück in der Nachbarschaft fand. Nicht nah genug allerdings, wenn es gilt, die Klinik mit Material und Speisen zu versorgen. Deshalb wurde ein Versorgungstunnel gebaut, der das Versorgungszentrum knapp 100 Meter unter dem Herdweg hindurch mit dem Tunnelsystem der Klinik verbindet.

Die drei Geschosse der Versorgung – Klinikbedarf im Untergeschoss, Großküche im Erdgeschoss, Apotheke im ersten Obergeschoss – sind in den Hang integriert und orientieren sich zur Hegelstraße. Von hier aus fahren auch die Lkws zur Versorgung der Küche und Belieferung anderer Klinikstandorte zum unterirdischen Logistikhof ein und aus. Oberhalb der Versorgungsebenen gruppieren sich die drei Baukörper der Bildungseinrichtungen, der Kindertagesstätte für Bedienstete und des Kasinos um einen Innenhof, den „Schulhof". Diätschule, Hebammenschule, Fachweiterbildung und ein Teil der Krankenpflegeschule sind im Gebäude entlang der Hegelstraße untergebracht, der Rest der Krankenpflegeschule im rückwärtigen Gebäude am Hof. Ein offenes Treppenhaus zwischen Hegelstraße und Schulhof bietet eine Durchwegung und die Anbindung an das Klinikgelände.

Grundidee war ein bauliches Volumen, das sich als Ganzes definiert, indem es aus einem in die Topografie des Hangs eingeschobenen Sockel besteht, aus dem drei Kuben mit eingeschnittenen Höfen und Durchgängen erwachsen.

Die Fassaden aus beigem Kunststein bringen mit ihrer unterschiedlichen Befensterung und Rhythmisierung die verschiedenen Nutzungen des Gebäudes zum Ausdruck. Vor allem an der Hegelstraße

From an urban planning point of view, it is particularly ambitious to expand one of two hospital centres left in the middle of dense inner-city fabric in the aftermath of clinic amalgamations. The plan is to develop tradition-steeped St. Katherine's Hospital near Central Station and the university campus into a "Central Location" by 2015. One of the necessary expansions for infrastructure in this context is an educational and supply centre, for which a site has been found locally. However, it is not close enough to directly supply the clinic with material and meals. A supply tunnel has therefore been built approximately one hundred metres below Herdweg to connect to the tunnel system of the clinic.

The three supply levels—clinic requirements on the basement level, large kitchen on the ground floor and pharmacy on the first floor—have been built into a slope and are oriented towards Hegel Street. Lorries with kitchen supplies and deliveries to other clinic locations drive in and out from there to the underground logistics courtyard. The three building volumes of the educational institute, staff kindergarten and cafeteria casino are grouped around an interior courtyard—the schoolyard—above the supply levels. The schools of nutrition, midwifery, specialisation and part of the nursing practice schools are located in the building along Hegel Street, while the remainder of the school is accommodated in a rear building to the courtyard. An open staircase between Hegel Street and the schoolyard provides a thoroughfare and a connection to the clinic complex.

The basic idea was to design a building volume that defines itself as a whole. It consists of a plinth that has been inserted in the topography of the slope, out of which three cubes, with incised courtyards and passageways, arise.

The façades of beige artificial stone express different functions within the building through their varying fenestration and rhythmic compositions. In Hegel Street, the supply areas and educational rooms on the two upper floors are easily identifiable from outside.

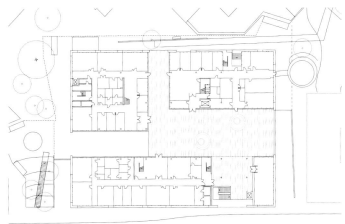

lassen sich Versorgungsbereiche und die Schulungsräume in den beiden oberen Geschossen erkennen. Zum Innenhof hin sind die Fassaden dagegen voll verglast. Horizontale Fassadenbänder aus eingefärbtem Beton wirken vor den Fenstern als Sonnenschutzlamellen und haben, vor allem bei den Fenstern über Eck, eine verbindende, den Baukörper definierende Funktion. Dadurch ist dem Haus eine zurückhaltende Eleganz zu eigen, die seine große Baumasse neben dem Lindenmuseum mildert und ihm als öffentlichem Gebäude einen angemessenen Anspruch zuweist.

In contrast, the façades to the interior courtyard are fully glazed. Horizontal façade ribbons of colored concrete act as sun-protection louvers in front of the windows; they also have a connecting function, defining the building volume, particularly at the corner windows. This gives the building a modest elegance, toning down its large volume adjacent to the Linden Museum and giving it a standard that is appropriate to a public building.

KRONEN CARRÉ, STUTTGART

Als wollte es „Stuttgart 21" nicht kampflos die Vorherrschaft in der City überlassen, macht sich das Quartier um den Hauptbahnhof Block für Block bereit für die zu erwartenden großen Umwälzungen in der unmittelbaren Nachbarschaft. In manchen Quartieren erscheint die Stuttgarter Innenstadt als Auslaufmodell, reif für die Abrissbirne. Nach dem Krieg rasch wieder aufgebaut, steht seit einigen Jahren der Ersatz verschlissener Bauten der fünfziger Jahre an. Das „Gedächtnis der Stadt", die städtebaulichen Strukturen sind robust. Mit den beiden in der Nachkriegszeit entstandenen Hauptverkehrsachsen in Nord-Süd-Richtung, zu denen auch die Friedrichstraße gehört, wurde jedoch der historische Stadtgrundriss zerstört.

Das Carré zwischen Friedrich- und Kriegsbergstraße ist typisch für die Stuttgarter Innenstadt: Bestanden mit Bürohäusern der fünfziger bis siebziger Jahre, war es trotz des Standortvorteils nicht mehr einträglich zu vermieten. Auskernung, Teilabriss, Aufstockungen, Ergänzungsneubauten waren den Architekten 1997 zur Aufgabe gestellt worden. Wie schon beim zuvor aufgewerteten „Zeppelin Carré" ging es ihnen nicht um eine vorlaute, avantgardistische Stadtarchitektur, sondern um eine möglichst ortsbezogene, auch stilverwandte Verjüngung des Quartiers.

Die zwei Altbauten im Winkel Kronen- und Friedrichstraße waren als erhaltenswert befunden worden, dazu das „Gelbe Haus" entlang der Kriegsbergstraße, ein nicht unbedeutendes Bürohaus von Hans Volkart, das, wiewohl nicht unter Denkmalschutz, von den Architekten wie ein Denkmal behandelt wurde. Dass die Altbauten zum Großteil vor dem Abrissbagger bewahrt blieben, wenn auch bis auf die Struktur skelettiert, ist vor allem dem Rechenstift zu danken, der fünf Prozent Einsparungen und einen erheblichen Zeitgewinn verbuchen konnte – wichtige Argumente für Bauherren.

Das Charakteristische an Volkarts Bau sind die eng gesetzten Betonpfeiler zwischen den schmalen Fenstern. Die Brüstungsfelder zeigen wieder das helle Gelb, das dem Bau seinen Namen gegeben hatte. Ein gläserner Schall- und Wetterschutz vor den Fenstern verstärkt die Bandfassadenwirkung. Das Flugdach, elegantes Aperçu jener Zeit, wurde freigelegt und ergänzt. Die originalen fünfziger Jahre sind besonders gut am Nordgiebel zu beobachten.

As if determined not to surrender without a fight to "Stuttgart 21", a synergy project in Stuttgart consisting of railroad, railway station and urban development projects, the district around Central Station is preparing block for block for the huge upheaval that is to be expected in its neighbourhood. Some parts of the inner city of Stuttgart seem obsolete and lie waiting for the demolition ball. Quickly rebuilt after the war, such worn out 1950s buildings have been due for replacement for some years now. The "memory of the city"— the urban fabric—is robust. However, its historic urban layout was destroyed by two post-war major north-south traffic axes, of which Friedrich Street is one.

The Carré between Friedrich and Kriegsberg Street is typical of inner city Stuttgart. Finding tenants for the 1950s to 1970s office buildings, had become impossible despite the obvious advantages of location. Gutting, partial demolition, addition of stories and extensions were the tasks the architects faced in 1997. As in the case of the formerly face-lifted "Zeppelin Carré", the main concern was to achieve a place-related, stylistically compatible regeneration of the area, avoiding avant-garde, urban architecture.

The two old buildings on the corner of Kronen and Friedrich Street, were considered worth preservation as was the "Yellow Building" along Kriegsberg Street—a fairly significant office building designed by Hans Volkart. Although it is not officially under heritage protection, it was treated as such by the architects. The fact that the historic buildings were mainly shielded from demolition—although reduced to their skeletons—can mainly be credited to the accounting that was done. Five per cent savings were chalked up and a considerable amount of time was also saved—important factors from the client's point of view.

The most characteristic features of Volkart's building are the closely set concrete posts between its narrow windows. Its parapets bear the light yellow colour after which the building is named. Glazed noise-and-weather-protection in front of the windows underlines the ribbon façade effect. The flying roof, an elegant apercu of its time, was exposed and extended, while the original 1950s style is well represented on the northern gable.

Lang gezogene Fensterbänder, in auskragende Stahlrahmen vor die weiße Aluminiumfassade gesetzt, signalisieren auch an den Trakten entlang der Kronen- und Friedrichstraße, dass es sich um Altbauten handelt. Fast könnte man die Reminiszenz auch missverstehen und sich an die klassische Moderne der zwanziger Jahre erinnert fühlen.

Schwerelose Transparenz und damit die Bauweise der Jahrtausendwende dominiert alle Neubauteile, die Anbauten, Verbindungselemente und Aufstockungen. Ein feiner Rhythmus der Fenster hinter der Glasschürze wirkt fast im Verborgenen und sorgt für die Vermeidung allzu makelloser Glätte. Kräftige Farben der Schallschutzschwerter, alternierende Grün- und Blautöne, bringen eine freundliche Note ins Spiel, dies ist die augenfälligste Neuerung im Quartier. Insgesamt kamen zehn verschiedene Fassadentypologien zum Einsatz, wodurch der große Häuserblock differenziert wird und sich in die vorhandene Stadtstruktur einbindet.

Mit Formen spielen, diese Freiheit nahmen sich die Architekten in der ebenerdigen Ladenzone unter den auf Skelettbeinen stehenden Oberschossen. Ein Restaurant mit Terrasse im Innenhof, ein „Art-Café", Möbel- und Designläden mit runden und geschwungenen Glasfassaden sind auf die Fußwegbeziehungen und Zugänge zugeschnitten. Anders als beim „Zeppelin Carré" führen keine öffentlichen Wege durch das Blockinnere. Nur die Restaurantgäste beleben als Externe die stille Gartenoase inmitten der Stadt. Vier bis zu 100 Quadratmeter große Apartments in den Dachgeschossen ergänzen das Angebot im Quartier.

Stuttgart 21 könnte also kommen; die Innenstadt bietet Paroli.

Long ribbon windows set in cantilevering steel frames that jut out in front of the white aluminium façade provide evidence that these are historic buildings, also along Kronen and Friedrich Street . One could almost misunderstand the reminiscence and think back to nineteen-twenties classical Modernism.

Weightless transparency—and therefore turn of the century construction methods—dominates the new building parts, the extensions, connecting elements and the added storeys. Windows in a delicate rhythm behind a glass apron almost appear veiled, thus avoiding "too perfect" sleekness. The strong colours of the noise protection blades—in alternating tones of green and blue—add a friendly note to the project; this is the most conspicuous alteration to the area. Altogether ten different façade typologies were created, this differentiated this large block of buildings, while also integrating it into the existing urban fabric.

The architects gave themselves the freedom to play with form in the ground level shopping zone, below the upper storeys, supported by skeletal columns. A restaurant with a terrace in the interior courtyard, a kind of "Art Café", as well as furniture and design shops with curvaceous glazed façades, are tailored to pedestrian pathways and access routes. In contrast to the "Zeppelin Carré", no public paths traverse the centre of the block. The clients of the restaurant are the only members of the public to enliven this quiet oasis in the midst of the city. Four roof top apartments of up to 100 square meters in size complete the spectrum of accommodation available in the area.

"Stuttgart 21" may come now—the inner city is prepared.

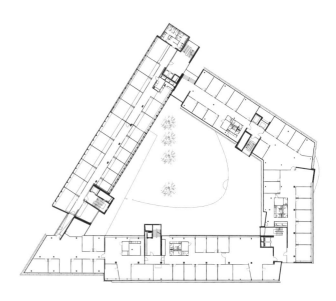

LUXUN HOCHSCHULE DER BILDENDEN KÜNSTE, CAMPUS DALIAN (CN)
LUXUN UNIVERSITY OF FINE ARTS, DALIAN CAMPUS (CN)

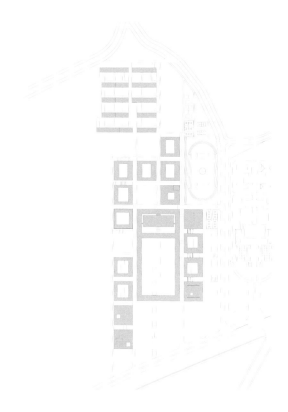

Die hügelige Topografie und die bauliche Nachbarschaft als Herausforderung: Ein weitläufiges Vergnügungszentrum, eine Art Disneyland, die gestalterische Kakofonie schlechthin, besetzt das vorgelagerte Gelände bis hinunter zum Strand. Linkerhand noch Brachland, das unter Umständen innerhalb Jahresfrist bebaut ist, mit was auch immer, zur Rechten ein großes Hotel im Mandarinstil, auch dies kein wirklicher Anknüpfungspunkt für die räumliche Organisation der Anlage einer neuen Kunsthochschule. Aber vielleicht dessen axiale Ausrichtung?

Die Architekten entschlossen sich, auch den neuen Campus streng geometrisch zu organisieren, genauer gesagt in einem exakt nach den Himmelrichtungen ausgerichteten Rastersystem, das sich spielerisch mit den topografischen Gegebenheiten auseinandersetzt und sich schließlich im Gelände verliert. Die das Raster bildenden Verkehrswege sind in Nord-Süd-Richtung als Fahrstraßen und in Ost-West-Richtung als Gassen angelegt, die dem Geländeprofil folgen.

Das Straßenraster definiert modulare Blockflächen, die sich aus Baugruppen unterschiedlicher Nutzungen zusammensetzen. Die

The hilly topography and the surrounding neighbourhood were the main challenges here. The neighbouring area to the front, which stretches down to a beach, is occupied by an expansive leisure centre, a kind of Disneyland and is an absolute cacophony of architectural styles. To the left is wasteland—anything could be built on it within a year—to the right a large hotel in mandarin style. None of these offered a point of connection or the spatial organisation of a new art academy; perhaps some hint at its axial orientation?

The architects decided to organise the new campus in a strictly geometric manner, or more precisely, in a grid system that is exactly oriented towards the four cardinal directions and playfully engages with the topography of the site, ultimately becoming lost in the terrain. The grid-defining paths of movement have been planned as streets in a north-south direction and as lanes in an east-west direction, to reflect the profile of the territory.

The street grid defines modular block areas, consisting of building groups of varying function. The building types express a hierarchy: from main buildings at the centre, to teaching and institutional buildings, and residential buildings on the periphery. The centre of

Art der Bebauung bringt eine Hierarchie zum Ausdruck, von den Hauptgebäuden in der Mitte über die Lehr- und Institutsgebäude bis zu den Wohnhäusern an der Peripherie. Zentrum der Anlage ist ein acht Module einnehmendes, seiner Bedeutung entsprechend größeres Bauwerk, das zwei weitläufige Höfe umfängt sowie die Agora mit sechs Modulen und den Museumshof mit deren zwei. Auf diesen geistigen und funktionalen Mittelpunkt ist der Campus orientiert wie der Hofstaat auf die Verbotene Stadt in Peking. An deren städtebauliche Typologie nämlich erinnert der Campus, aber auch an die westliche, die griechische Tradition mit rechtwinkligen Straßenblöcken und umgrenzter Agora. Auf diese Weise vermittelt der Ort zwischen fernöstlicher und westlicher Kultur und gewinnt als Zentrum künstlerischer Auseinandersetzung internationales Format.

Als Gegensatz zur freien Landschaft entwickelt die „Stadt der Künste" durch die übergreifende Architektursprache und die Materialität räumliche Dichte und als Gesamtanlage ein geschlossenes, signifikantes Erscheinungsbild, das ihre Bedeutung bekräftigt.

the complex is occupied by a large building volume that takes up eight modules and surrounds two extensive courtyards as well and the six-module agora and a two-module museum courtyard. The courtyard is oriented around this intellectual and functional centre, as echoing the court to the Forbidden City in Beijing. This campus is reminiscent of its urban typology, however also of the Greek tradition with rectangular street blocks and surrounded agora. It thus mediates between far eastern and western cultures, becoming internationally relevant as a centre of artistic engagement.

In contrast to the open landscape, the "City of the Arts" cultivates spatial density as a result of its clear architectural language and materiality and its coherent, significant appearance, which underline its importance.

SPARKASSEN CARRÉ, TÜBINGEN

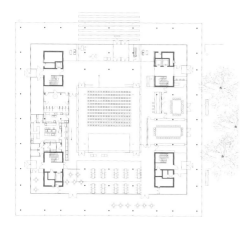

Die Verwaltungen von Regierungspräsidium, Landratsamt und Kreissparkasse in Tübingen waren auf eine Größenordnung angewachsen, die mit dem Maßstab der innerstädtischen Strukturen der Universitätsstadt nicht mehr zu vereinbaren waren. So wurden die drei Institutionen an den Rand der Südstadt ausgelagert, wo auf diese Weise auf den Mühlbachäckern ein neues Verwaltungszentrum von größerem Zuschnitt entstand, dessen Gebäude durch die von den Landschaftsarchitekten Stötzer Neher geplante parkartige Umgebung miteinander verbunden sind.

Für das Gebäude der Kreissparkasse wählten die Architekten als „Eckstein" der Mühlbachäcker eine prägnante, solitäre Form von statuarischer Strenge, als wäre es ein Stück von Mies van der Rohe. Nur eines wäre Mies nicht in den Zeichenstift geflossen: der Rhythmuswechsel bei den Stützabständen – denn jeweils das von der Ecke aus zweite Feld hat einen kürzeren Achsabstand. Die äußere Erscheinung ist vor allem vom Stahlgerüst bestimmt, das als zweite Schicht vor der Raumabschlussfassade liegt und sowohl Wartungsgänge als auch Verschattungsanlagen aufnimmt.

„Carré" nennt sich der Bau, weil er im Grundriss quadratisch und symmetrisch angelegt ist. Der sechsgeschossige Betonskelettbau umfängt mit vier gleich langen Flügeln ein Atrium, das über dem Erdgeschoss mit einer Glasdecke geschlossen ist. Unter dem mit farbigen Gläsern künstlerisch gestalteten Atriumdach befindet sich der große Saal mit 500 Plätzen. Er wird zum „Forum" für öffentliche

The administrations of the Regional Council, Administrative District Offices and District Savings Bank (Kreissparkasse) in Tübingen had grown to such dimensions that they were no longer compatible with the scale of the university town's inner-city structures. All three institutions were therefore shifted to the edge of the Südstadt district, where a new larger scale administrative centre was erected on the Mühlbachäcker fields; a park-like environment planned by Stötzer Neher Landscape Architects, unites the new buildings.

As the "corner stone" of the Mühlbachäcker site, the architects chose a succinct, solitary form of stately proportions, as if from the hand of Mies van der Rohe. Only one aspect could not have come from the pen of Mies: the alternating rhythm of spaces between the posts—the second distance from the corner being shorter in length than the others. The steel framework that lies as a second layer in front of the interior enclosing façade, accommodating maintenance gangways and shading facilities, largely defines its exterior appearance.

The building is called a "Carré" because its ground plan has been designed to be both square and symmetrical. This six-storey concrete skeleton-frame building with four equal wings, surrounds an atrium that is closed off by a glass roof over the ground floor level. A large, 500-seat auditorium is located below the atrium roof, artistically designed with coloured glass. A conference area, oriented towards the Mühlbach, a bistro and service rooms oriented to an

Veranstaltungen des Geldinstituts. Der zum Mühlbach hin orientierte Konferenzbereich, das nach Süden zum Freibereich ausgerichtete Bistro und Serviceräume entlang der Bahnstrecke ergänzen das Raumprogramm im Erdgeschoss.

Die Büroflächen der fünf Obergeschosse sind dank der weit gespannten Decken flexibel nutzbar. Bei Einzel- und Doppelbüros jeweils an den Fassaden ergibt sich eine großzügige Mittelzone für Archive, Besprechungsräume und temporäre Arbeitsplätze. Gruppen- und Großraumbüros sind ebenso möglich, wobei die Trennwände für Sonderräume, Abteilungsleiterbüros und Besprechungs-

open area along the rail tracks to the south, complete the ground floor room schedule.

Thanks to their large-spanning ceiling slabs, the five upper level office areas remain functionally flexible. Where single and double offices are situated at the façade, a generous interim zone is allocated for archives, meeting rooms and temporary workstations. Group and open-plan spaces can also be arranged; floor-to-ceiling glass partition walls form special rooms, head of department offices and meeting rooms. As the management level with conference rooms, the upper floor differs in structure from the other levels.

räume als raumhohe Glaswände ausgeführt sind. Das oberste Geschoss weicht als Vorstandsetage mit Konferenzräumen in der Aufteilung von den Regelgeschossen ab.

Zum avancierten Energiemanagementkonzept des Baus gehören unter anderem Dreifachglasscheiben, zentral gesteuerter, dennoch individuell beeinflussbarer außen liegender Sonnenschutz mit Lichtlenkfunktion, Bauteilaktivierung sowie eine Geothermieanlage in den Gründungspfählen, mit der 70 Prozent des Wärmeenergiebedarfs gedeckt werden.

Triple glazing, centrally controlled yet individually adjustable exterior sun-shading with light-steering function, as well as a geothermic system integrated into the foundation footings of the building, which covers seventy per cent of the required thermal energy, are all components of the advanced energy management system of this structure.

LFA FÖRDERBANK BAYERN, MÜNCHEN
LFA FÖRDERBANK BAYERN, MUNICH

Man spürt die Entdeckerlust der Architekten bei ihrer Auseinandersetzung mit dem repräsentativen Wohnhaus am Englischen Garten. Welche Vorstellungen hatten die Kollegen 1904, als sie das Haus im Rokokostil dekorierten und die drei großbürgerlichen Geschosswohnungen mit feiner Holzvertäfelung ausstatteten? Bewohner hat das Haus lange nicht mehr gesehen, trotz häufiger Umnutzung war es weitgehend original erhalten, und doch galt es an vielen Stellen, alte Farbschichten zu entfernen, Originalbefunde herauszuarbeiten, Türen und Fenster zu restaurieren, Zierparkett zu reparieren, fehlende Teile zu ergänzen. Wie immer in solchen Fällen der Wiedergewinnung originaler Pracht fragt man sich, weshalb vorangegangene Generationen für diese Qualitäten keinen Blick hatten und das Haus verunstalteten und vernachlässigten.

Doch auch neue Ideen waren gefragt, etwa bei der Ausgestaltung des Dachraums als Sitzungssaal mit Dachterrasse, wo die Holzkonstruktion des Dachstuhls ihre Wirkung entfaltet (wobei durchaus knifflige Probleme bei Brandschutz und Fluchtwegsicherung zu lösen waren). Auch im Souterrain, das seines dunklen Kellerdaseins enthoben und entkernt wurde, brachten die Architekten die alte Konstruktion zum Sprechen und legten das Ziegelmauerwerk frei. Weiße, vor die Wand gesetzte Türelemente überspielen die verschiedenen Formate der Türöffnungen. Effektbeleuchtung mit Uplights nobilitiert den Raum, lässt aber nicht vergessen, dass man sich im Untergeschoss befindet.

Der Aufwand lohnt, denn vom Souterrain aus gibt es die Verbindung zum Erweiterungsbau, der in den Garten hinter dem Haus platziert wurde. Ein Geschoss höher verbindet der gemeinsame Sockel die beiden Gebäude. Über eine Freitreppe zugänglich, ist hier der Haupteingang in beide Häuser angeordnet.

Der Neubau, ein deutlich kleinerer und zurückhaltender Solitär, schlägt eine ganz andere Melodie an. Seine Fassade zeigt ein Vexierspiel aus fest stehenden Paneelen mit vertikal montierten Metalllamellen und Schiebeläden mit horizontal angeordneten Lamellen. Je nach Stellung der Läden ergibt sich ein geordnetes oder ein regelloseres Bild.

One can feel the architects' sense of adventure in dealing with this representative residential building in the English Gardens. What did their colleagues have in mind in 1904 as they were decorating the building in rococo style and cladding the interiors of the three bourgeois apartments in fine timber panelling? The building has long since been vacant; despite regular changes in function much of its original state has remained preserved. However, in many areas, old layers had to be removed, original parts revealed, doors and windows restored, ornamental parquet repaired, missing parts replaced. As is often the case in such projects where old splendour is recovered, one wonders why previous generations did not have an eye for such qualities and how they could have deformed and neglected the building.

However, new ideas were also called for, for example in the redesign of the attic space into a conference room with roof terrace, using the existing wooden roof structure to great effect (although tricky challenges did arise in relation to fire protection and escape routes). The architects also gave their input in the old construction of the basement; it was gutted to relieve it of its dark cellar character to expose its brick masonry walls. White door elements have been placed at the walls to gloss over the different formats of the door openings. Effect illumination with up-lights ennobles the space, so that one does not forget that one is standing at basement level.

It is worth the effort; the connection to the extension building, located in the garden to the rear is via the basement. One storey higher, a shared plinth connects both buildings. Accessible via an outdoor staircase, the main entrance is also allocated to both buildings.

The new building—a considerably smaller and more modest solitary volume—plays a completely different tune. Its façade consists of a picture puzzle of fixed panels with vertically mounted steel louvers and sliding shutters with horizontal louvers. Depending on the position of the shutters, the effect is either ordered or random.

The concept of the façade is self-explanatory from the inside. The walls of the compact office spaces can be opened up generously to experience the lush green space around. The louvers filter light,

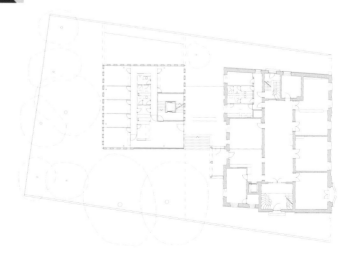

Im Inneren erklärt sich die Konzeption der Fassade von selbst. Die Wand der kompakten Büroräume lässt sich großzügig öffnen, der umgebende üppige Grünraum wird erlebbar. Die Lamellen filtern das Licht, die Schiebeläden bieten bei Bedarf Sicht- und Sonnenschutz. Voll verglast, ohne Lamellenschleier, erhalten auch das Foyer und die Konferenzräume im Untergeschoss über die vorgelagerten Tiefhöfe genügend Tageslicht.

Die Inneneinrichtung spricht die gleiche klare Formensprache wie die neuen Einbauten im Altbau. Innen- und Anschnittflächen der weißen Kuben zeigen im Neubau ein frisches Gelbgrün mit Bezug zum Garten, im Altbau hingegen ein nobles Bordeauxrot im Anklang an restauratorische Farbbefunde. Auch mit der Möblierung gelang der gestalterische Brückenschlag zwischen den beiden ungleichen Architekturen, sodass sich Alt und Neu weitestmöglich verbinden, ohne dabei ihren jeweils zeitgemäßen Ausdruck zu verleugnen.

while the sliding shutters provide visual and sun protection if required. Completely glazed and without a veil of louvers, the foyer and conference rooms at basement level get enough daylight from a frontal void.

The interior furnishings speak the same clear language as the new fittings in the old building. Intersecting surfaces on the interior of the white cubes have been endowed with a fresh yellow-green color in the new building in reference to the gardens; in contrast, they have been given a Bordeaux red in the old building in echo of colors discovered during restoration work. The furnishings also manage to bridge the design gap between these two disparate types of architecture, connecting old and new as far as possible without denying the expression of each one's era.

RUTH-MERCKLE-HAUS, ULM
RUTH MERCKLE BUILDING, ULM

Pharmaforschung und -produktion findet im Allgemeinen nicht vor aller Augen statt. Umso mehr überrascht das zentrale Eingangsgebäude der Werksanlage mit seinem Bekenntnis zu Offenheit, Orientierung und Kommunikation. Als leichter, immateriell wirkender, allseits verglaster Pavillon in einen zentralen Grünraum eingebettet, hat es einen völlig anderen Charakter als die umgebenden Büro- und Werksgebäude, schafft einen neuen Mittelpunkt und setzt in der Werksanlage einen neuen Akzent. Mit seiner inneren Passage schafft es die Verbindung zwischen Verwaltung und Produktion.

Ein Vorhang aus hölzernen Lamellen scheint über dem stählernen Traggerüst zu liegen und an den Längsseiten bis auf halbe Höhe herabzuhängen. Die Lamellen bieten für die Schulungsräume und die Galerie der Kantine im Obergeschoss Sonnenschutz und einen luziden Raumabschluss. Ansonsten herrschen Offenheit, freier Durch- und Ausblick.

An der Südseite befinden sich die Pforte und der Empfangsbereich. Hier ist auch der Eingang für externe, abendliche Veranstaltungen. Daran schließt sich der „Free Flow-Bereich" der Küche an, der mit seinem organisatorischen Konzept des „Front-Cooking" ebenso der offenen Raumidee entspricht, sowie der teilweise zweigeschossige Speisesaal und ein eher geschlossener Raum für den Werksverkauf.

Im Obergeschoss liegen Büro- und Sitzungsräume, ein Andachtsraum, der Bereich des Betriebsrats und die Galerie des Speisesaals. Hinzu kommen die teilweise mit Oberlichtern versehenen Schulungsräume, die sich durch Verschieben der Faltwände zu

Generally speaking, pharmaceutical research and production does not take place in public view. The openness, orientation and communication of this central entrance building to the plant complex is therefore all the more surprising. As a light, immaterial, entirely glazed pavilion in a central green space, it is of completely different character to the surrounding office and plant buildings, creating a new focal point and adding a new accent to the plant complex. An interior passage establishes a connection between administration and production.

A curtain of timber louversappears to lie on top of the steel framework and to suspend to the middle of the longest side. The louvers provide sun protection and enclosure to the seminar rooms and the canteen gallery. Openness and unhindered views through and out of the buildings are otherwise the dominant tendency.

The entry gates and reception area are located on the southern side, where the entrance for external evening events is also situated. A "free flow" kitchen area with "front cooking" organisational concept, is connected to this area and also adheres to the open plan concept. It, in turn is linked to a partially two-storey dining hall and a more enclosed industrial sales room.

Office and meeting rooms are located on the top floor as is a laboratory, the management zone and the dining hall gallery. Seminar rooms, some of which have skylights, are also situated here. They can be joined to form one space by shifting folding wall panels and can also be opened up to the gallery. A large-surface timber louvered ceiling visually consolidates the spaces.

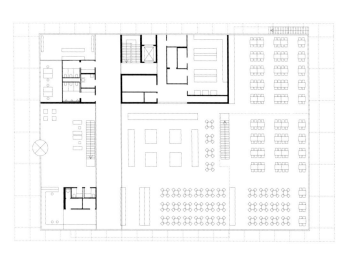

einem Saal vereinen und zur Galerie hin öffnen lassen. Eine groß-flächige Holzlamellendecke fasst die unterschiedlichen Räume op-tisch zusammen.

Eine bedeutende Rolle spielt beim Ruth-Merckle-Haus die Präsen-tation von Kunstwerken aus der Sammlung Merckle, die schwer-punktmäßig süddeutsche Künstler fördert. In die regelmäßigen Führungen sind die Räume des Empfangsgebäudes und die Frei-flächen einbezogen. Insbesondere das Foyer und die Passage, aber auch die anderen Innenräume bekommen so eine zusätzliche Funktion als Kunstgalerie. Der Speisesaal wird durch Stellwände gegliedert, die weitere Ausstellungsfläche bieten. Vor dem Haus akzentuieren „Kunstinseln" des Skulpturenparks die Freiräume und Wasserflächen des von den Landschaftsarchitekten Gess-wein, Henkel und Partner gestalteten Grünraums.

One significant function of the Ruth Merckle Building is to present works of art from the Merckle collection, which funds German art-ists from the southern part of the country. The reception build-ing and its exterior spaces are incorporated into regular tours. The foyer and passage in particular, as well as the other interior spaces, therefore have an extra function as an art gallery. The dining hall can be divided using partition walls to provide further exhibition space. In front of the building, "art islands," which form part of the sculptural park, accentuate the open spaces and water surfaces of the green areas designed by Gesswein, Henkel and Partners Landscape Architects.

ZENTRALE EINRICHTUNGEN CAMPUS MARTINSRIED, MÜNCHEN
CENTRAL FACILITIES MARTINSRIED CAMPUS, MUNICH

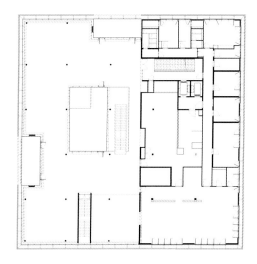

Auch im studentischen Alltag wird heute dem Einnehmen von Mahlzeiten eine gewisse Bedeutung zugemessen. Nahrungsmittelaufnahme wird nicht mehr als notwendige, die Arbeit störende und unterbrechende Tätigkeit gesehen, vielmehr ist das gemeinsame Essen ein Moment der Entspannung, der Kommunikation, der sozialen Interaktion. Logischerweise sollte sich deshalb ein Mensagebäude von den Funktionsbauten des Hochschulcampus unterscheiden, eher mit Freizeit, entspannter Atmosphäre und Wohlgefühl assoziiert werden.

Die Mensa auf dem Campus Martinsried, einem Hochschulstandort vor den Toren Münchens mit Instituten der Biotechnologie, tut dies auf entschiedene Weise. Rasenflächen, Hecken und der Spielplatz der Kindertagesstätte geben dem Grundstück die Anmutung eines Gartens und folglich bedient sich das Gebäude selbst der Ästhetik des Gartenhauses. Nicht dass von Gartenlaubenromantik die Rede sein könnte, schon die Dimensionen sprechen dagegen, aber eine Oase im Labor- und Institutsareal ist das Gebäude allemal.

Die ursprüngliche Idee, das Gebäude mit einem Rankgerüst zu umfangen, musste allerdings im Hinblick auf den aufwendigen Unterhalt aufgegeben werden. Stattdessen entwickelten die Architekten ein Gitterwerk aus Lärchenholzlatten mit einer eigenen Ästhetik und der Funktion des Sonnenschutzes. Eine rings um das Gebäude geführte Hecke sorgt dafür, dass die übermütige Jugend nachts die Fassade nicht als Klettergarten missbraucht.

Mealtimes are still significant in everyday student life. Intake of nutrition is no longer considered a necessary disruption to work; on the contrary, eating together represents a moment of relaxation, of communication and of social interaction. A refectory building should therefore differ from the other functional buildings of a university campus; it is associated more with leisure, a relaxed atmosphere and a sense of well-being.

The refectory on Martinsried campus, a biotechnology university, located on the outskirts of Munich, functions exactly like this. Lawns, hedges and the playground give the site the atmosphere of a garden and the building accordingly references greenhouse aesthetics. Not that this implies summerhouse romantics—its dimensions alone repudiate that—but the building certainly is an oasis within its laboratory and institutional environment.

The original idea to surround this building with creeper plants, had to be abandoned due to maintenance issues. Instead, the architects developed a bespoke trellis of larch wood slats, which functions as sun protective. A hedge surrounding the building guarantees that wanton youth cannot misuse the façade for climbing at night.

Notwithstanding, the trellis proved to be a structural challenge, the statics of which could only be mastered by computer. It has 15,000 different connections depending on the individual nodes and loads. The actual building, sixty centimetres behind this fine-meshed trellis espalier has conventional façades. It has post-and-beam glazed

Das Gerüst war gleichwohl eine konstruktive Herausforderung, mit komplizierter, nur mit dem Rechner zu ermittelnder Statik und 15.000 je nach Knoten und Belastung unterschiedlichen Verbindungsmitteln. Das eigentliche Gebäude, 60 Zentimeter hinter dem feinmaschigen Spalier, hat konventionelle Fassaden mit Pfosten-Riegel-Glaswänden vor den Speisesälen und verputzte und dunkelanthrazit gestrichene Lochfassaden vor den Büros und Funktionsräumen. Durch Einschnitte und eine wechselnde Dichte des Gitters ließen sich Ausblick, Belichtung und Verschattung der verschiedenen Räume unterschiedlich einstellen.

Den Haupteingang muss man nicht lange suchen, er befindet sich im Hintergrund einer signalroten Nische, vergleichbar dem Flugloch eines Bienenstocks. Im Foyer dann eine ebenfalls signalrote Treppe, die dem Besucher den Weg zur Mensa weist. Der Speisesaal, mehr als die Hälfte des Grundrisses einnehmend, ist durch ein Atrium und zwei Loggien in verschiedene kleinere Raumzonen gegliedert, die jeweils einen unterschiedlichen Charakter haben. Diese drei Räume bieten im Sommer zusätzliche Sitzgelegenheiten.

Die Holzspalierfassaden, die kräftige Farbgebung, der hochwertig wirkende Schieferboden, die Prismenleuchten und die vielgestaltige Möblierung lassen vergessen, dass für den Bau nur ein Sparbudget zur Verfügung stand.

Auch die Kindertagesstätte im Erdgeschoss profitiert von diesem entwerferischen Engagement. Alle Einbauten und Türen der Kita sind in kräftigen Rottönen gehalten. Der große Lichtschacht über der zentralen, für die Kinder einsehbaren Küche ist orange gestrichen

walls in front of the dining halls and plastered dark anthracite-painted perforated façades in front of the offices and functional spaces. Incisions and the alternating density of the trellis structure allowed views, light and shade to be adjusted differently according to each space.

The main entrance is clearly defined; it is positioned at the rear of a red niche, comparable with the entrance opening to a beehive. A focal point, the red staircase in the foyer, takes the visitor to the refectory. The dining hall, which occupies more that half of the total floor space, is divided into various smaller spatial zones by an atrium and two loggias, each of different character. These three areas provide extra seating space in summer.

The timber trellis façade, strong colour scheme, elegant slate floor, prism lamps and multifarious furnishings conceal the fact that only a minimal budget was available for this project.

The ground floor nursery also benefitted from a high level of commitment from the designers. All fittings and doors in the kindergarten are articulated in strong red tones. A large light-shaft over the central kitchen, which is visible to the children, has been painted orange, to brighten the space, even in dull weather. The treatment of even the smallest details demonstrates the careful planning invloved. Additional elements, such as display boards and vending machines, did not take the architects by surprise; each has its place in a planned niche.

As many as 1,500 meals can be served each day. Some students remain seated longer than absolutely necessary or move into the

und verbreitet auch bei trübem Wetter gute Laune. Die Behandlung kleinster Details im Haus verrät vorausschauende Planung und System. So wurden die Architekten nicht von der Aufstellung von Automaten oder der Montage von Schautafeln überrascht, sondern haben diesen ihre Plätze in vorgeplanten Nischen zugewiesen.

Bis zu 1500 Essen am Tag können ausgegeben werden. Manch einer der Studenten bleibt ein wenig länger sitzen als unbedingt notwendig oder zieht sich nach dem Essen in die Lounge zum Plausch bei einem Espresso zurück. Die Mensa mit ihren zusätzlichen zentralen Einrichtungen ist zum sozialen Zentrum des Campus geworden. Die Architektur unterstützt die Funktion des kommunikativen Brennpunkts und erholsamen Orts nach Kräften und hat ihm dafür ein atmosphärisch und ästhetisch anregendes, aber auch angemessenes Gebäude zur Verfügung gestellt.

lounge after eating for a chat over an espresso. The refectory, with its additional central facilities, has become the social hub of this campus. Its architecture bolsters its function as a communicative focal point and a place to regenerate, providing an atmospheric and aesthetically inspiring, yet also well functioning building.

DIE ARCHITEKTEN
THE ARCHITECTS

Das Büro Auer+Weber+Assoziierte ist 2006 aus dem 1980 gegründeten Büro Auer+Weber hervorgegangen, das 1991–2000 als Auer+Weber+Partner und 2001–06 als Auer+Weber+Architekten firmierte. Zu den Gründungsgesellschaftern Fritz Auer und Carlo Weber sind die Geschäftsführer Moritz Auer, Philipp Auer, Jörn Scholz, Achim Söding und Stephan Suxdorf hinzugekommen sowie die Assoziierten Martin Klemp, Jörg Müller, Stefan Niese, Christof Teige und Ilona Werz-Rein. Das Büro beschäftigt an den beiden Standorten Stuttgart und München rund 100 Mitarbeiter.

In 2006 the Auer+Weber practice, founded in 1980, became Auer+Weber+Associates. The practice operated under the name Auer+Weber+Partner from 1991 to 2000 and Auer+Weber+Architects from 2001 to 2006. The founding members Fritz Auer and Carlo Weber were joined by managing partners Moritz Auer, Philipp Auer, Jörn Scholz, Achim Söding, and Stephan Suxdorf as well as by associates Martin Klemp, Jörg Müller, Stefan Niese, Christof Teige, and Ilona Werz-Rein. The practice employs around one hundred people in its two locations in Munich and Stuttgart

Fritz Auer

Prof. Dipl.-Ing. Architekt M. Arch., geboren 1933 in Tübingen, studierte an der TH Stuttgart sowie an der Cranbrook Academy of Arts in Bloomfield Hills, Michigan, USA und diplomierte 1962 in Stuttgart. Bis 1965 arbeitete er bei Behnisch und Lambart in Stuttgart und wurde 1965 Partner im Büro Behnisch & Partner. 1980 lösten sich Auer und Weber aus der Partnerschaft und gründeten ihr eigenes Büro. 1985–92 war Fritz Auer Professor für Baukonstruktion und Entwerfen an der FH München, 1993–2001 Professor für Entwerfen an der Staatlichen Akademie der Bildenden Künste in Stuttgart. Seit 1993 ist er Mitglied der Akademie der Künste Berlin.

Prof. Dipl.-Ing. Architect M. Arch., born 1933 in Tübingen, studied at the TH Stuttgart as well as at Cranbrook Academy of Arts in Bloomfield Hills, Michigan, USA. He graduated in 1962 in Stuttgart. He worked for Behnisch und Lambart in Stuttgart until 1965 when he became a partner of Behnisch & Partner. In 1980 Auer and Weber left the partnership to found their own practice. Fritz Auer was professor of Building Construction and Design at the FH Munich from 1985 to 1992 and professor of Design at the Stuttgart State Academy of Art and Design from 1993 to 2001. He has been a member of the Academy of the Arts in Berlin since 1993.

Carlo Weber

Prof. Dipl.-Ing. Architekt, geboren 1934 in Saarbrücken, studierte an der TH Stuttgart sowie an der École Nationale Supérieure des Beaux Arts in Paris und diplomierte 1961 in Stuttgart. 1960–65 arbeitete er bei Behnisch und Lambart in Stuttgart und wurde 1966 Partner im Büro Behnisch & Partner. 1980 gründeten Auer und Weber ihr eigenes Büro. 1980–90 war Carlo Weber Dozent an der Universität Stuttgart und 1992–99 Professor für Gebäudelehre und Entwerfen an der TU Dresden. Seit 1996 ist er Mitglied der Sächsischen Akademie der Künste.

Prof. Dipl.-Ing. Architect, born 1934 in Saarbrücken, studied at the TH Stuttgart and the École Nationale Supérieure des Beaux Arts in Paris. He graduated in 1961 in Stuttgart. He worked for Behnisch und Lambart in Stuttgart between 1960 and 1965 and he became a partner of Behnisch & Partner in 1966. In 1980 Auer and Weber founded their own practice. Carlo Weber was a lecturer at the University of Stuttgart from 1980 to 1990 and he was professor for Building Theory and Design at the TU Dresden from 1992 to 1999. He has been a member of the Academy of the Arts in Saxony since 1996.

Moritz Auer

Dipl.-Ing. Architekt, geboren 1964 in Stuttgart, studierte zunächst Kommunikationsdesign an der Folkwangschule Essen und anschließend Architektur bis zum Diplom 1996 an der TU Berlin. Anschließend trat er in das Büro Auer+Weber in München ein und ist seit 2001 assoziiert, seit 2006 Geschäftsführer.

Dipl.-Ing. Architect, born 1964 in Stuttgart, initially studied Communication Design at the Folkwang School in Essen and later studied Architecture at the TU Berlin until his graduation in 1996. He then joined the Auer+Weber office in Munich. He has been an associate since 2001 and a managing partner since 2006.

Philipp Auer

Dipl.-Ing. Architekt, geboren 1967 in Stuttgart, studierte zunächst an der Universität Stuttgart und anschließend bis zum Diplom 1995 an der TH Darmstadt. 1995–97 arbeitete er bei David Chipperfield in London, anschließend im Büro Auer+Weber in München und ist seit 2001 assoziiert, seit 2009 Geschäftsführer.

Dipl.-Ing. Architect, born 1967 in Stuttgart, initially studied at the University of Stuttgart and later at the TH Darmstadt where he graduated in 1995. He worked for David Chipperfield in London from 1995 to 1997 and later for Auer+Weber in Munich. He has been an associate since 2001 and a managing partner since 2009.

Jörn Scholz

Dipl.-Ing. Architekt, geboren 1967 in Hameln, studierte bis zum Diplom 1995 an der Universität Stuttgart. 1992–96 arbeitete er bei Prof. Rainer Scholl und im Büro Klein und Breucha in Stuttgart. 1996 trat er in das Büro Auer+Weber ein und ist seit 2002 assoziiert, seit 2006 Geschäftsführer. Seit 1998 hat er einen Lehrauftrag für Gebäudelehre und Entwerfen am Institut Wohnen und Entwerfen der Universität Stuttgart.

Dipl.-Ing. Architect, born 1967 in Hameln, studied at the University of Stuttgart where he graduated in 1995. He worked for Prof. Rainer Scholl and at the Klein and Breucha practice in Stuttgart between 1992 and 1996. In 1996 he joined Auer+Weber. He has been an associate since 2002 and a managing partner since 2006. He has lectured Building Theory and Design at the Institute for Dwelling and Design at the University of Stuttgart since 1998.

Achim Söding

Dipl.-Ing. Architekt, geboren 1961 in Hannover, studierte an der Universität Hannover und an der TU Wien, wo er auch im Atelier Prof. Anton Schweighofer arbeitete. Nach dem Diplom 1988 in Hannover trat er 1989 in das Büro Auer+Weber in Stuttgart ein und ist seit 2001 assoziiert, seit 2006 Geschäftsführer. Von 2001–03 hatte er einen Lehrauftrag an der FH Magdeburg.

Dipl.-Ing. Architect, born 1961 in Hannover, studied at the University of Stuttgart and at the TU Vienna, where he also worked at the atelier of Prof. Anton Schweighofer. He joined Auer+Weber in Stuttgart after graduating in Hannover in 1988. He has been an associate since 2001 and a managing partner since 2006. He lectured at the FH Magdeburg from 2001 to 2003.

Stephan Suxdorf

Dipl.-Ing. (FH) Architekt, geboren 1966 in Hamburg, studierte an der FH Konstanz, wo er 1992 das Diplom erwarb. Bis 1997 arbeitete er bei Steidle & Partner sowie bei Bauer Kurz Stockburger in München, danach im Büro Auer+Weber in München. Er ist seit 2001 assoziiert, seit 2006 Geschäftsführer. 1994 hatte er einen Lehrauftrag an der FH Potsdam.

Dipl.-Ing. (FH) Architect, born 1966 in Hamburg, studied at the FH Constance, where he graduated in 1992. He worked for Steidle & Partner and for Bauer Kurz Stockburger in Munich until 1997 after which he joined Auer+Weber. He has been an associate since 2001 and a managing partner since 2006. He lectured at the FH Potsdam in 1994.

Martin Klemp

Dipl.-Ing. Architekt, geboren 1966 in Hildesheim, wurde zunächst zum Zimmermann ausgebildet. Er studierte anschließend Architektur und Städtebau an der Universität Stuttgart und am IIT in Chicago. Nach dem Diplom 1996 in Stuttgart arbeitete er bis 2000 im Büro Schürmann + Schürmann in Stuttgart. Seit 2000 ist er Mitarbeiter im Büro Auer+Weber in München, seit 2003 assoziiert.

Dipl.-Ing. Architect, born 1966 in Hildesheim, he initially completed an apprenticeship as a carpenter. He then studied Architecture and Urban Planning at the University of Stuttgart and the IIT in Chicago. After his graduation in 1996, he worked for Schürmann + Schürmann in Stuttgart until 2000. He has been working at Auer+Weber in Munich since 2000 and has been an associate since 2003.

Jörg Müller

Dipl.-Ing. Architekt, geboren 1954 in Köln, studierte an der TH Darmstadt und an der ETH Zürich. Nach dem Diplom 1982 in Darmstadt machte er sich selbstständig. 1985–97 arbeitete er in den Büros Behnisch & Partner, Auer+Weber sowie Klein und Breucha in Stuttgart. Seit 1997 ist er Mitarbeiter im Büro Auer+Weber und ist seit 2001 assoziiert.

Dipl.-Ing. Architect, born 1954 in Cologne, studied at the TH Darmstadt and at the ETH Zürich. After graduating in Darmstadt in 1982 he opened his own practice. He worked for Behnisch & Partner, Auer+Weber, Klein and Breucha in Stuttgart between 1985 and 1997. He has been working at Auer+Weber since 1997 and has been an associate since 2001.

Stefan Niese

Dipl.-Ing. Architekt, geboren 1969 in Nürnberg, studierte an der TU Kaiserslautern und war 1994–95 Mitglied der Meisterklasse Wolf D. Prix an der Hochschule für angewandte Kunst in Wien. Nach dem Diplom 1997 in Kaiserslautern arbeitete er im Büro Auer+Weber in München und ist seit 2002 assoziiert. Seit 2008 ist er Lehrbeauftragter am Lehrstuhl „ClimaDesign" der TU München.

Dipl.-Ing. Architect, born 1969 in Nuremberg, studied at the TU Kaiserslautern and was a member of the master class of Wolf D. Prix at the University of Applied Arts in Vienna from 1994 to 1995. After graduating in Kaiserslautern in 1997 he worked for Auer+Weber in Munich. He has been an associate since 2002. He has lectured at the chair for "ClimaDesign" at the TU Munich since 2008.

Christof Teige

Dipl.-Ing. Architekt, geboren 1963 in Würzburg, studierte an der TU Kaiserslautern und an der TH Darmstadt, wo er 1992 das Diplom erwarb. 1992 arbeitete er bei Joachim Schürmann in Köln. Im selben Jahr trat er in das Büro Auer+Weber in Stuttgart ein und ist seit 2001 assoziiert. Seit 2008 ist er Lehrbeauftragter am Institut Wohnen und Entwerfen der Universität Stuttgart.

Dipl.-Ing. Architect, born 1963 in Wurzburg, studied at the TU Kaiserslautern and the TH Darmstadt, where he graduated in 1992. In 1992 he worked for Joachim Schürmann in Cologne. That same year he joined Auer+Weber in Stuttgart and he has been an associate since 2001. He has been a lecturer at the Institute for Dwelling and Design at the University of Stuttgart since 2008.

Ilona Werz-Rein

Dipl.-Ing. Architektin, geboren 1950 in Sindelfingen, studierte zunächst Architektur an der FH Stuttgart und anschließend an der Universität Stuttgart, wo sie 1979 das Diplom erwarb. Nach Mitarbeit in den Büros Kammerer + Belz, Stuttgart, Prof. Johannes Uhl, Berlin und ARP ArchitektenPartnerschaft Stuttgart trat sie 1980 in das Büro Auer+Weber ein und ist seit 2009 assoziiert.

Dipl.-Ing. Architect, born 1950 in Sindelfingen, initially studied Architecture at the FH Stuttgart and later at the University of Stuttgart, where she graduated in 1979. Having worked for Kammerer + Belz, Stuttgart, Prof. Johannes Uhl, Berlin, and ARP Architectural Partnership Stuttgart, she joined Auer+Weber in 1980 and has been an associate since 2009.

AUER+WEBER+ASSOZIIERTE AM RUNDEN TISCH
AUER+WEBER+ASSOCIATES IN CONVERSATION

Falk Jaeger (FJ) Wie organisieren sich Auer+Weber+Assoziierte in einem Büro mit so vielen „Chefs"?

Unser horizontales Organisationsprinzip entspricht unserer teamorientierten Arbeitsweise. Da das Büro über die Jahre permanent gewachsen ist, haben die beiden Gründungsgesellschafter sich 2001 entschieden, den Status der Assoziierten einzuführen, das heißt langjährige Mitarbeiter oder Mitarbeiter, auf die man in Zukunft bauen möchte, stärker an das Büro zu binden. So wurden die Verantwortlichkeiten auf mehrere Schultern verteilt. Die Assoziierten betreuen übergeordnete Themen und sind Ansprechpartner für die Projektleiter. Es gibt also drei Ebenen: die Projektteams, die Projektleiter und die Assoziierten. Wir treffen uns im Assoziiertenkreis regelmäßig, dazu gibt es projektbezogene Treffen und Videokonferenzen zwischen den Standorten, bei denen wir uns auf einen gemeinsamen Informationsstand bringen.

FJ Bringt das nicht Spezialisierung mit sich, dass der eine zum Beispiel Sozialbauten bearbeitet, der andere Büros, der dritte Schulen etc.?

Es gibt vielleicht jemanden, der sich mehr um die vertraglichen Angelegenheiten kümmert, während der andere eher in der Akquisition unterwegs ist oder sich mehr im Wettbewerbswesen zuhause fühlt, aber was die Bauaufgaben betrifft, machen wir keine Unterschiede. Das ergibt sich so bei zwei verschiedenen Standorten. Regionale

Falk Jaeger (FJ) How do Auer+Weber+Associates organise themselves in an office with so many "bosses"?

Our horizontal organisation corresponds to our team-oriented working methods. The practice grew steadily over the years, so the two founding partners decided in 2001 to introduce the status of associate to create a strong bond between the staff they wished to build upon in the future and the practice. The responsibilities were thus distributed on many shoulders. The associates supervise general areas and are contact people for the project managers. There are therefore three levels: project teams, project managers and associates. We have regular meetings of the circle of associates as well as project-relevant meetings and video conferences between locations at which we update each other on the current information.

FJ Does that not imply specialisation? So that for example one person takes care of social buildings, another offices and a third schools etc.?

There may be someone who deals more with contract matters while someone else is more involved in acquisition or feels more at home working on competitions, however as far as construction tasks are concerned we do not differentiate. With two different base offices, it usually works out automatically. Regional competitions lead to projects

Wettbewerbe führen zu Projekten in der Region, unabhängig vom Thema. Stuttgart hat sicherlich in den letzten Jahren viel Erfahrung in Verwaltungsgebäuden gesammelt, aber auch in städtebaulichen Revitalisierungsprojekten; in München sind es beispielsweise andere Themen und Größenordnungen.

FJ Wie laufen die Kontakte zwischen Stuttgart und München?

Wir haben den inhaltlichen, prinzipiellen Austausch, den wir über die Assoziiertentreffen hinaus durch unsere Jahrestreffen zu fördern versuchen, indem wir gegenseitig unsere Projekte zeigen und zur Diskussion stellen. Wir haben schon mehrfach Situationen gehabt, dass ganze Wettbewerbsteams zur Unterstützung für zwei oder drei Wochen ins andere Büro kamen. Natürlich werden auch Projekte hin oder hergereicht, je nachdem, welches Büro mehr Erfahrung oder freie Kapazitäten hat. Fritz Auer pendelt ständig zwischen den beiden Standorten und fungiert als „Briefträger".

FJ Gibt es Konkurrenz zwischen den Büros?

Wir pflegen eine gesunde Konkurrenz, das bringt Ansporn. Es gibt ja durchaus eine unterschiedliche Außenwahrnehmung. Und es gibt unterschiedliche Arbeitsfelder. Die Frankreich-Aktivitäten gehen von München aus, genauso wie die Arbeit in China, während Luxemburg ausschließlich in Stuttgart läuft.

FJ Welche Rolle spielen die beiden Gründungsgesellschafter im Büro?

Die Hauptlast tragen inzwischen die assoziierten Kollegen. Fritz Auer und Carlo Weber bringen sich in die prinzipiellen Diskussionen und die Konzeptfindung ein. Carlo Weber bearbeitet gerne kleinere Wettbewerbe, zum Beispiel für die Konstantin-Basilika in Trier oder das Seminargebäude Gut Siggen. Fritz Auer organisiert die Verbindung zwischen den beiden Büros. Beide treten hin und wieder in die Rolle des „Elder Statesman" und repräsentieren das Büro, vor allem in Ländern wie China, wo ja zunehmendes Alter mit zunehmender Weisheit gleichgesetzt wird.

FJ Wird der Name des Büros auch in Zukunft beibehalten?

Der Name Auer+Weber ist ein Markenzeichen, das heute in der Öffentlichkeit präsent ist, meist ohne den Zusatz Assoziierte. Das ist vielleicht auch eine Stärke, dass es eben nicht Brüche in der Wahrnehmung gibt, sondern dass die Marke weiterlebt und sich sozusagen ständig verjüngt.

FJ Wie soll man die Architektur von Auer+Weber+Assoziierte stilistisch einordnen?

Stilistisch? Was für ein Wort! Bedeutet das „baugeschichtlich stilistisch" oder „modisch stilistisch"? Diese Frage möchte keiner von uns beantworten. Vielleicht kann man so sagen: Es gibt bei uns einfach Stil in diesem Sinne nicht und deshalb können wir uns auch nicht stilistisch einordnen.

FJ Es geht um die formale Ausprägung von Funktion und Konstruktion, die ergibt sich ja nicht von vornherein. Das ist eine Chimäre des Funktionalismus, der behauptet, wenn ich eine Funktion habe, ergibt sich daraus automatisch eine Form. Diesen Automatismus gibt es nicht. Es erfolgen formale Entscheidungen, bei jedem Projekt, und meine Frage wäre, in welche Richtung geht diese formale Entscheidung?

Wir haben unsere Maximen des Bauens mehr auf einer gedanklichen oder geistigen Ebene entwickelt. Daraus entsteht unsere Architektur. Da spielen dann Zeitläufte und gegenwärtige Tendenzen und anderes hinein. Stil geht heute ja in Richtung Branding, das sehen wir eher suspekt. Das kann bei der Akquise ein Nachteil sein, weil man uns nicht so greifen kann. Brad Pitt würde sich sicherlich nicht von uns sein Haus bauen lassen, obwohl er das hätte machen sollen, das wäre auch schön geworden. Es ist nicht so, dass man uns wegen unseres Stils wieder erkennt und sucht. Es will keiner einen „Auer+Weber" hingestellt bekommen. Wir finden Situationen vor und reagieren darauf jedes Mal neu, das ist unsere Stärke. Wir sind eben ausgeprägte Individuen, die alle einen unterschiedlichen Ausbildungshintergrund haben, wir sind keine Eleven irgendwelcher Meisterklassen, die auf einer Gedankenwolke schweben.

Es gab aus unserer früheren Tradition die Vorstellung des Form-werden-Lassens, nicht des Form-Machens. Wir glauben da inzwischen nicht mehr so richtig dran, denn, wie Sie sagen, man muss immer auch ein Bild kreieren und das kann nicht erst kommen, wenn man die Dinge zusammenknüpft. Es hat vielleicht auch mit unseren Auslandserfahrungen zu tun, dass man dort mehr und mehr erwartet, Bilder vermittelt zu be-

in the region, regardless of the subject matter. In the last few years the Stuttgart office has had a lot of experience in administration buildings and in urban revitalisation projects while in Munich other areas and scales of project are relevant.

FJ How does the contact between Stuttgart and Munich work?

We do have basic exchange as far as content is concerned, which we try to further beyond the meetings of associates at our annual meeting. There we present our projects to each other and open them up to debate. We have repeatedly had the situation in which whole competition teams came to offer support to the other office for two or three weeks. Projects are also passed back and forth depending on which office has more experience or capacities at a certain time. Fritz Auer continually commutes between both locations, acting as a "postman".

FJ Is there competition between the offices?

We do cultivate a healthy level of competition; we find it stimulating. They are certainly perceived differently from the outside and both have different fields of activity. The France jobs are carried out by the Munich office as are the China ones while Luxemburg is solely carried out in Stuttgart.

FJ What is the role of the two founding members in the practice?

At this stage, the main load is carried by the associated colleagues. Fritz Auer und Carlo Weber participate in discussions about fundamentals and in concept development. Carlo Weber likes to work on smaller competitions for example the Aula Palatina in Trier or the Gut Siggen seminar building. Fritz Auer organises the connection between the two offices. Both take on the role of "elder statesman" every now and then to represent the practice, above all in countries such as China in which increasing age means increasing wisdom.

FJ Will the name of the practice be kept on in future?

The name Auer+Weber is a brand mark that is present in the public consciousness, usually without the added associates. It is perhaps a strength that there is not a rupture in perception, that the brand mark lives on and continues to regenerate itself.

FJ How should one stylistically categorise the architecture of Auer+Weber+Associates?

Stylistically? What a word! Does that mean "historically stylistically" or "fashion stylistically"? None of us wants to answer that question. Perhaps one could say: we do not have any such thing as a style in that sense and for that reason we cannot categorise ourselves stylistically.

FJ It is a matter of the formal development of function and construction, which are not given from the beginning. It is a myth of functionalism to maintain that if I have a function, a form automatically derives from it. This automatism does not exist. Formal decisions are taken during every project and my question would be what direction such formal decisions take?

We developed our maxims of building on a more theoretical or intellectual level. Our architecture is generated from those. Such things as the passing of time, contemporary tendencies and other matters also have an influence. These days style is going more in the direction of branding; we find that quite dubious. That can sometimes be a disadvantage for our acquisitions because its not so easy to grasp what we are about. Brad Pitt would almost certainly not have his house built by us, although he should have done so, it would have turned out beautifully. It is not the case that one recognises us because of our style and then goes looking for us. No-one wants to have an "Auer+Weber" built for them. We come across situations and react differently each time; that is our strength. We are all distinct individuals who have different educational backgrounds; we are not the elves of some master class who all float on the same intellectual cloud.

From our earlier tradition there was the idea of letting form evolve rather than making form. We don't believe so much in that anymore because, as you have said, one must always create a vision and that can't just come when one knits things together. Perhaps that is a result of our experience abroad, that people increasingly expect to have a vision conveyed to them. For example in the case of the ESO Hotel in Chile, we

kommen. Beim ESO-Hotel in Chile zum Beispiel haben wir uns ein bestimmtes Bild vorgenommen, als wir sagten, wir wollen dieser Hightech-Welt da oben keine Konkurrenz machen, wir machen Erdarchitektur, Nichtarchitektur, „Landart" haben wir es mal genannt. Oder bei der BMW-Welt, da wollten wir ein Objekt gestalten – ein drittes Objekt in dieser BMW-Welt. Wir wurden gefragt, wie würden Sie denn Ihr Gebäude charakterisieren? Was für ein Bild stellt es für Sie dar? Und da hatten wir eigentlich keine richtige Antwort gefunden, aber nachher haben wir gehört, dass manche es „Seife" genannt haben. Daraus haben wir gesehen, dass es manchmal auch gefährlich ist, wenn die Bilder zu deutlich werden.

FJ Kann man denn heutzutage auf Signifikanz verzichten, auf Zeichenhaftigkeit? Ist das nicht eine Voraussetzung, um seine Architektur gut zu verkaufen? Zeichenhaftigkeit müsste eigentlich immer nur ein Abbild einer sehr guten Entwurfsarbeit sein. Wenn man es schafft, dass das Gebäude seine Funktion zeigt, dass auch der Nutzer sich mit dem Gebäude identifizieren kann, dann kann man auf zusätzliche Zeichenhaftigkeit verzichten. Es ist ja dann doch ein Zeichen. Wenn es keines wäre, dann wäre es austauschbar. Es gab aber durchaus Objekte, bei denen wir das Zeichen vorab definiert haben.

FJ Der ZOB hat sich ja nicht aus den Nutzungen zusammengefügt und in seiner Form ergeben, sondern da ist offenbar eine ganz bewusste Entscheidung getroffen worden – wir machen da so ein dynamisches Teil draus und füllen alles hinein, was an Nutzung notwendig ist?

Normalerweise ist es nicht unser primäres Ziel, ein Zeichen zu setzen. Bescheidenheit spielt bei unserer Arbeit eine größere Rolle, zum Beispiel beim Alten Hof in München, den wir bewusst als ganz normalen städtebaulichen Block entworfen haben. Aber beim Busbahnhof haben wir schon beim Wettbewerb gesagt, wir müssen hier ein Zeichen setzen, weil er städtebaulich der Kopf des neuen Quartiers ist, also muss er auch ein Identifikationspunkt sein. BMW war eine Sondersituation, da hat man sich getraut, ein Designobjekt für einen Hersteller von Designobjekten zu entwerfen. Durch die Auslandsaktivitäten in China und Frankreich haben wir nun die Möglichkeit zu experimentieren, weil der Markt dort Signifikanz geradezu fordert. Das gibt uns den Freiraum, Dinge, die wir im Kopf haben, einfach mal auszuprobieren, während wir uns auf dem deutschen Markt um eine rationalere, strukturellere Herangehensweise bemühen.

Wir sind solcher Signifikanz nicht ganz abgeneigt, wenn sie nicht zu vordergründig wird. Ein sehr schönes Beispiel ist dieses riesige Freizeitzentrum in Courchevel, das wir dort in die Landschaft integrieren müssen. Andererseits handelt es sich für die Gemeinde um ein absolutes Prestigeprojekt, das man nicht verstecken möchte. Wir haben uns entschlossen, das Gebäude wie eine große Erdscholle zu gestalten, die eigentlich nur talseitig die Fassaden zeigt. Von den Bergen aus sieht man lediglich das bewachsene und begehbare Dach des Gebäudes. Bei der Arbeit am Modell haben wir aber gesehen, dass wir zusätzlich Licht ins Innere bekommen müssen. So haben wir gesagt, wir unterbrechen die Scholle und die Öffnungen machen wir groß, wie riesige Augen, die zum Signet des Gebäudes werden. Die Form mit diesen Einschnitten für das Tageslicht ist sozusagen von der Natur vorgegeben.

FJ Architekten, die sich der Moderne verpflichtet fühlen, haben meist große Probleme damit, Atmosphäre zu schaffen, also das, was einen normalen Menschen an Architektur interessiert, was ihn betrifft, was sein Leben und sein Gefühl als Nutzer ausmacht. Aber es ist wohl so, dass der moderne Architekt das Wort „gemütlich" scheut wie der Teufel das Weihwasser. Ist Atmosphäre für Sie ein Thema?

Atmosphäre und Gemütlichkeit sind ja nicht gleichzusetzen. Atmosphäre versucht man eigentlich immer wieder durch den richtigen Mix von Materialien und durch die richtige Kombination von Farben zu erzeugen, damit man sich, wenn man ein Haus betritt, in diesem erstmal willkommen fühlt.

Raum und Atmosphäre sind die wichtigsten Elemente in der Architektur. Vielleicht ist es so, dass wir manchmal bei der Lösung der vielen Probleme des Bauens, der Konstruktion, des Klimas und der Nachhaltigkeit die Atmosphäre vernachlässigen. Atmo-

took a certain vision when we said that we didn't want to compete with the high-tech world up there; we wanted to make earth architecture, non-architecture—we called it "land art". Or in the case of BMW world, we wanted to design an object—a third object in the BMW world. We were asked how would you characterise your building? What image does it represent for you? We didn't find any real answer to that but we later heard that some people called it "soap". We learned from that that it is sometimes dangerous to have visions that are too precise.

FJ Is it possible to go without magnitude—symbolism? Is that not a prerequisite to being able to sell one's architecture well?

Symbolism should really only be a representation of very good design work. If one can manage to make a building that shows its function, so that the user of the building can identify with it, one can do without extra symbolism. It is in itself a symbol. If it weren't one, it would be interchangeable. However there are by all means objects for which we defined the symbolism in advance.

FJ The ZOB did not evolve from the knitting together of functions; it was obviously a very conscious decision—we will create a dynamic object and fill it with all of the necessary functions?

Our primary objective is not usually to create a symbol. Modesty is more important in our work, for example in the Alte Hof in Munich, which we very deliberately designed as a normal city block. However, in the case of the bus station, we already said during the competition that we would have to create a symbol because, from an urban planning point of view, it is the gateway to a new district so it has to be a point of identification. BMW was a special situation—one dared to create a design object for the manufacturer of design objects.

We have the opportunity to experiment in our projects in France and China because the markets there demand symbolism. That gives us the freedom to just try things out that we have in mind while for the German market we do our best to use a more rational, structured approach.

We are not totally against such symbolism as long as it doesn't become too dominant. The huge leisure centre in Courchevel, which we had to integrate into the landscape, is a very beautiful example. On the other hand, for the community it is an absolutely prestige project, which it does not wish to hide. We decided to design the building like a large clod of earth, which only has façades towards the valley. From the mountains one just sees the greened, walk-on roof of the building. However, when we were working on the model, we realised that we would have to get extra light into the interior of the building. So we said that we would cut into the clod and we would make the openings big, like huge eyes, that would become the signet of the building. The form with these incisions for daylight is so to speak predefined by nature.

FJ Architects who feel beholden to modernism usually have huge problems creating atmosphere; the one thing that normal people are interested in architecture, that affects them and that constitutes their life and feelings as the users. However it is apparently the case that the modern architect shies away from the word "cosiness" like the plague. Is atmosphere an issue for you?

Atmosphere and cosiness are not the same thing. One always tries to create atmosphere using the right mix of materials and the right combination of colours so that one feels welcome when one enters a building.

Space and atmosphere are the most important elements of architecture. Perhaps it is the case that in trying to solve the many problems of building, structure, climate and sustainability, atmosphere is neglected. Atmosphere is often strongly influenced by the two colours that a space is given. Or by added elements as in the case of the Sparkasse in Tübingen. Its hall roof is not just a functional glass roof; it has an art work integrated into it so that emotional aspects are also present beside the purely physical load-bearing function.

Atmosphere is created when one, as an architect imagines the building from both the outside and inside. One does not want to be told by a colour consultant that a certain colour series is particularly amazing; instead one wants to have the feeling that some-

sphäre wird oft durch die zwei Farben, die ein Raum bekommt, stark beeinflusst. Oder durch zusätzlich eingefügte Elemente, wie zum Beispiel bei der Sparkasse Tübingen, deren Hallendach nicht nur ein funktionales Glasdach ist, sondern in das ein Kunstwerk integriert ist, sodass außer der rein physischen Tragfunktion auch emotionale Aspekte mitspielen.

Atmosphäre entsteht ja dadurch, dass man sich als Architekt das Haus sowohl von außen als auch von innen vorstellt. Man möchte aber nicht von einem Farbberater belehrt werden, dass die Farbreihe sowieso besonders toll ist, sondern man möchte eher das Gefühl haben, da hat sich einer etwas überlegt, da ist ein Konzept dahinter, das Haus ist irgendwie stimmig und ich fühle mich darin wohl. Das kann man wunderschön am Material Sichtbeton festmachen. Den finden die Leute grau und abstoßend, aber Sichtbeton kann sehr schön sein, wenn man zum Beispiel das richtige Holz dagegen setzt oder den richtigen Stein.

FJ Wie halten es Auer+Weber+Assoziierte mit der Farbe?

Farbgebung ist sicherlich nicht unser Erkennungsmerkmal, da gibt es andere Büros, die man an der Farbigkeit erkennt. Die Materialfarbe ist erstmal die wichtigste. Wenn man durchs Büro geht, gibt es da unsere Materialkästen, mit denen die Farben zusammengestellt werden und die gleichen sich fast immer – grau, anthrazit, mal heller, mal dunkler, verschiedene Holzarten.

Farbe wird, wenn wir sie benutzen, ganz gezielt an ganz bestimmten Punkten eingesetzt, sie ist ein innenräumliches Thema. Nur manchmal gehört sie zur Konzeption des Bauwerks wie am ESO-Hotel in Chile, mit dem in den rötlichen Erdfarben der Umgebung eingefärbten Beton. Es wird jedoch nichts inszeniert, außer bei der U-Bahn-Station in München, die wirklich inszeniert ist.

Eigentlich läuft das auch wieder sehr individuell bei uns. Fritz Auer hat irgendwann mal verboten, einen roten Bodenbelag in ein Haus zu legen, weil der Satz galt, bunt sind die Menschen selber. Carlo Weber wiederum ging durch eine fertige Sporthalle und sagte, die Wand muss noch grün sein, sonst ist das Haus langweilig. Da haben wir die Wand grün gestrichen. Das heißt, es gibt bei uns sehr unterschiedliche Herangehensweisen.

In jedem Fall ist es so, dass wir Farbe mit viel Überlegung, bewusst und sehr diszipliniert einsetzen. Als Signalfarben zum Beispiel, wie dieses Orange in der Handelsebene des Busbahnhofs. Oder um eine bestimmte Stimmung zu erzeugen, eine festliche wie beim Theater in Hof, oder eine fröhliche wie im knallfarbenen Cannstatter Jugendhaus mit Böden in Orange, Gelb und Grün. Aber es gibt kein Gebäude aus unserem Büro, das eine komplett farbige Hülle hätte, außer das Einkaufszentrum in Passau, aber das ist konzeptionell ein anderes Thema.

FJ Ökologisches Bauen ist ja heutzutage mehr oder weniger Standard und es gibt ein paar Architekten, die wollen dann noch nachhaltiger bauen als andere und übertreffen die Standards, die vorgegeben sind. Spielen die Themen Nachhaltigkeit, ökologisches Bauen und Energiebilanz bei Ihnen eine große Rolle oder versuchen Sie jetzt erst einmal auf herkömmliche Art und Weise zu entwerfen und dann im Nachhinein die Architektur auf Nachhaltigkeit zu trimmen?

Ärgerlich ist schon mal, wenn Auslobungstexte damit anfangen, dass man aus energetischen Gründen möglichst ein kompaktes Gebäude entwerfen soll. Das schränkt ein, wenn der Entwurf eines kubischen Gebäudes oder idealerweise ein kugelförmiges bessere Chancen hat als zum Beispiel ein Gebäude mit vielen Innenhöfen, das eine ganz andere Atmosphäre hat. Oder wenn die Lochfassade der Heilsbringer ist, da gehen wir erstmal klar darüber weg. Aber natürlich sitzen schon ganz früh die entsprechenden Fachleute mit am Tisch. Nachhaltigkeit reduzieren wir aber nicht auf die Bedeutung, die ihr im Moment zugemessen wird, wir betrachten sie umfassender. Es ist zum Beispiel extrem unnachhaltig, wenn ein Gebäude durch bestimmte modische Erscheinungen, Farbgebung etc. nicht mehr zeitgemäß ist. Wenn dagegen ein Gebäude, das über seine obligatorische Nennlaufzeit von vielleicht zwanzig Jahren hinaus Bestand hat, weil es über die vom Investor kalkulierte Laufzeit hinaus noch funktioniert, ist das nachhaltiger als die Übererfüllung so mancher Vorschrift.

one has thought something through, there is a concept behind it, the house is harmonious and I feel comfortable here. This is demonstrated very well by the material fair-faced concrete. People find it grey and unattractive, however fair-faced concrete can be very beautiful for example if one sets the right wood against it or the right stone.

FJ Where do Auer+Weber+Associates stand on the issue of colour?

Colour schemes are certainly not our distinguishing feature; other practices are immediately recognisable from their colours. The colour of the material is the most important thing. If one goes through our office, one will find our material boxes with which colours are combined and they are almost always the same—grey, anthracite, sometimes ligher, sometimes darker, different types of wood.

When we use it, colour is applied very deliberately to certain areas, it is an interior space issue. It only sometimes belongs to the concept of a building as in the case of the ESO Hotel in Chile where the concrete has been dyed the reddish earthy colours of the surroundings. However, nothing is orchestrated, except in the case of the underground station in Munich, which is really orchestrated.

It is actually something that happens individually in our office. Once Fritz Auer stopped a red floor surface from being laid in a house in line with the theory that the people themselves are bright. On the other hand Carlo Weber once went through a completed sports hall and said that wall must be green, otherwise the building will be boring.

Then we painted the wall green. So that means that we have very diverse approaches. However, in every case we apply colour very thoughtfully, consciously and with much discipline; for example as a signal colour like the orange in the retail area of the bus station. Or to create a certain atmosphere, a festive one as in the theatre in Hof or a happy one as in the brightly coloured Cannstatt Youth Centre with floors in orange, yellow and green. However, no building that has been designed by our practice has a totally colourful envelope, except the shopping centre in Passau but conceptually that is another matter.

FJ Ecological construction has now more or less become standard and there are a few architects who want to build even more sustainably than others and they exceed the given standards. Are issues such as sustainability, ecological construction and energy balance important to you or do you try to design conventionally and then to trim the architecture to make it sustainable afterwards?

It is aggravating when competition briefs start with the sentence that for energy-saving reasons one should build as compactly as possible. It is a restriction if the design of a cubic building or ideally a spherical one has better chances than for example a building with several interior courtyards, which has a very different atmosphere. Or if a perforated façade is considered the be all and end all, we keep well away from it. However, obviously the relevant experts sit with us from the very early stages. We do not reduce sustainability to the meaning that is usually given to it these days; we consider it more comprehensively. For example it is extremely unsustainable for a building to be totally out of date as a result of certain fashion trends, colours etc… However, in contrast, when a building is still relevant after its obligatory lifespan of perhaps twenty years because it still works beyond the time calculated by the investor, it is much more sustainable than if it fulfils certain regulations.

There are standards which we have long been observing however, we usually get external specialist consultation on ecology and energy in extension of our own knowledge. Many of our other colleagues do the same, its just that we don't hang out the ecology flag.

FJ I think that it is a basic principle of modernism to separate functions and to work on them separately before combining them again later, that one does not work holistically but that one can clearly recognise and address different functions. Is this approach still relevant?

Complexity is certainly an issue, that is absolutely true; the complexity of demands has also increased dramatically. One used to develop each functional element individually, down to the last dash of paint, so that it was obvious that does that and this does this. These days we work more holistically.

Es gibt Standards, die wir schon lange berücksichtigen, aber das spezielle ökologische, energetische Denken holen wir eher von außen, als Ergänzung zu unserem Metier. Das tun viele Kollegen auch, nur wir tragen dieses Öko-Label nicht vor uns her.

FJ Ich denke, es ist ein Grundprinzip der Moderne, dass man Funktionen trennt und getrennt bearbeitet und dann wieder zusammenfügt, dass man nicht integrativ arbeitet, sondern verschiedene Funktionen auch klar erkennen und ansprechen kann. Ist diese Herangehensweise noch aktuell?

Die Vielschichtigkeit ist sicher ein Thema, das ist ganz klar, auch die Vielschichtigkeit der Anforderungen, die stark zugenommen hat. Früher hat man jedes funktionale Element für sich bis hin zum letzten Farbanstrich einzeln entwickelt, sodass zu sehen war, das macht das und dieses macht jenes. Heute arbeiten wir integrativer.

Beim Technischen Betriebszentrum in München hatten wir so viele verschiedene Raumteile bis hin zu den Parkhäusern, wo es lediglich um Wetter- und Einbruchschutz ging, zu kombinieren, dass wir daraus nie eine befriedigende Architektur hätten bilden können. Wir haben dann eine Hülle entwickelt, um das vielgestaltige Gebäude zu einem sehr ruhigen Volumen zusammenzufassen. Die hat natürlich primär eine gestalterische Funktion, bildet das Signet und macht das Gebäude erst stark, aber sie ist auch Einfriedung und Sicherung des Geländes. Die zweite Schicht dahinter spürt man kaum, das ist eine Maschine mit vielen Funktionen.

FJ Man erreicht wohl durch diese Trennung der rein technischen und der architektonischen Funktion die Zeichenhaftigkeit, die für den Ort gewünscht wird?

Da sind wir wieder bei der Signifikanz. Dahinter steckt der insgeheime Wunsch nach der einfachen, signifikanten Form. Man könnte sich natürlich schon die Frage stellen, was käme denn heraus, wenn man jetzt jede Funktion so abbilden würde, wie sie am besten funktioniert? Das würde wahrscheinlich ein sehr heterogenes Gebäude ergeben, denn wo früher zwei Aufgaben waren, sind heute zwanzig zu lösen. Am besten wäre es eigentlich, wenn die Hülle eines Hauses alle Anforderungen schon lösen würde, sodass sie gar nicht in Schichten aufgebaut werden muss. Dann hätte man funktionale Vielschichtigkeit und gewünschte Signifikanz auf ideale Weise miteinander vereint.

At the Technical Operations Centre in Munich, there were so many different spatial parts to combine down to the car parks where the main issues were weather protection and security, that we could never have created a satisfactory architecture from them. We then developed a building envelope to combine the multifaceted building elements to a very calm volume. Its function is obviously primarily a design one, creating the signet and giving the building presence, however it also serves the enclosure and security of the property. One hardly perceives the second layer behind it; it is a machine with many functions.

FJ One apparently manages to create the desired symbolism for this place through this separation of purely technical and architectural functions?

This is again a matter of magnitude. The secret desire for a simple form of a certain magnitude lies behind it. One could ask oneself the question what would the result be if one were to form each function to work optimally? It would probably result in a very heterogeneous building because places that used to fulfil two functions have to fulfil twenty these days. It would actually be best if the envelope of a building would already fulfil all needs so that it wouldn't have to be structured in layers. Then one would have combined functional complexity with the desired magnitude in the most ideal manner.